親子で学ぶ

和《わ》の歳《さい》時《じ》記《き》 クロスワード

町田宗隆

淡交社

JN140803

茶道裏千家《ちゃどううらせんけ》の前家元《いえもと》・鵬雲斎大宗匠《ほううんさいだいそうしょう》が主催《しゅさい》する一つに『和の学校』があります。この学校は「親と子」「先生と生徒」といった「と」（戸）をはずし、「親の子」「子の親」という関係で、たがいに敬意《けいい》をもって学び合いましょうという場所です。

小学三、四年生を中心とした親子が学び、お菓子《かし》作りからはじまり、石臼《いしうす》をひいて抹茶《まっちゃ》を作り、茶碗《ちゃわん》などのやきものや炭に直接《ちょくせつ》ふれ、季節《きせつ》の花や暦《こよみ》のことなどを学びます。親子がたがいに抹茶《まっちゃ》を点《た》て、いただき合いながら、家庭での会話に「和」や「茶道」を加えてもらいたいという思いです。

私は平成十三年の発足当初《ほっそくとうしょ》から、特別専任講師《とくべつせんにんこうし》として指導《しどう》させていただいておりますが、この本はその経験《けいけん》をもとに、一年間の年中行事や風習、季節《きせつ》を感じさせてくれる和菓子《わがし》や花、文様《もんよう》や形などを、月ごとにまとめた歳時記《さいじき》です。「二十四節気《せっき》」の説明《せつめい》では、二週間ごとに移《うつ》っていく季節《きせつ》を感じて下さい。新暦《しんれき》と旧暦《きゅうれき》が混《ま》じっている日本のくらしを、ちょっと整理してみましょう。小学校中高学年を対象《たいしょう》にしてはいますが、中学生・高校生でも十分に学べる内容《ないよう》です。

まずクロスワードを解《と》いてみて下さい。月刊誌《げっかんし》『淡交《たんこう》』で十六年間、クロスワードパズル作りを担当《たんとう》してまいりましたので、このたび、小学生向けに作ってみました。

裏千家《うらせんけ》の坐忘斎《ざぼうさい》お家元《いえもと》は、講話《こうわ》の中で「稽古《けいこ》」という言葉に時々ふれられます。「いにしえをかんがみる」「昔のことを考えてみる」というのが元々の意味です。昔の人たちが何を感じ、何を大切にしてきたのか、それが現代《げんだい》にどう生きているのか、子ども達と一緒《いっしょ》に考えてみましょう。

この本が、子ども部屋にあるだけでなく、親子の会話の輪《わ》の中に、いつもおいていただけることを願《ねが》っております。

町田宗隆

「旧暦《きゅうれき》」と「二十四節気《せっき》」について理解すると、『和の歳時記《さいじき》』をよりよく知ることが出来ます。

各月の説明《せつめい》でも触《ふ》れることになる「旧暦《きゅうれき》」と「二十四節気《せっき》」について、はじめに整理しておきましょう。

旧暦《きゅうれき》って何？

現在《げんざい》、世界の多くで使われている暦《こよみ》（カレンダー）は太陽暦《たいようれき》といいます。日本ではこの暦《こよみ》を明治《めいじ》五（一八七三）年から使っています。世界中の人たちと仲《なか》よくするためにかえたのです。それまで使っていた暦《こよみ》は「旧暦《きゅうれき》」といいます。

旧暦《きゅうれき》は中国で作られたもので、日本に伝《つた》えられ、江戸《えど》時代まで千二百年間使われました。月の動きで作られていて、太陽の動きを考えて時々調整する暦《こよみ》です。新暦《しんれき》は太陽の動きだけで作られているので、月の動きは考えません。

みなさんは三日月《みかづき》や十五夜《や》という言葉を聞いたことがあるでしょう。その時の月の形をしっていますね。「毎月三日に見える月」と「毎月十五日に見える月」という意味なのです。昔の人は、月の形や見える方角で、今日は何日か、今は何時かが大体わかったのです。これが旧暦《きゅうれき》の特徴《とくちょう》です。

旧暦《きゅうれき》では、今の二月ころが一月にあたるので、新暦《しんれき》の暦《こよみ》より一か月ほど早く月を数えます。そのため今の暦《こよみ》では、旧暦《きゅうれき》との季節感《きせつかん》が一か月ほどずれてしまいました。ですから旧暦《きゅうれき》の言葉は、今より一か月ほど進めたころの気候《きこう》を考える必要があるのです。

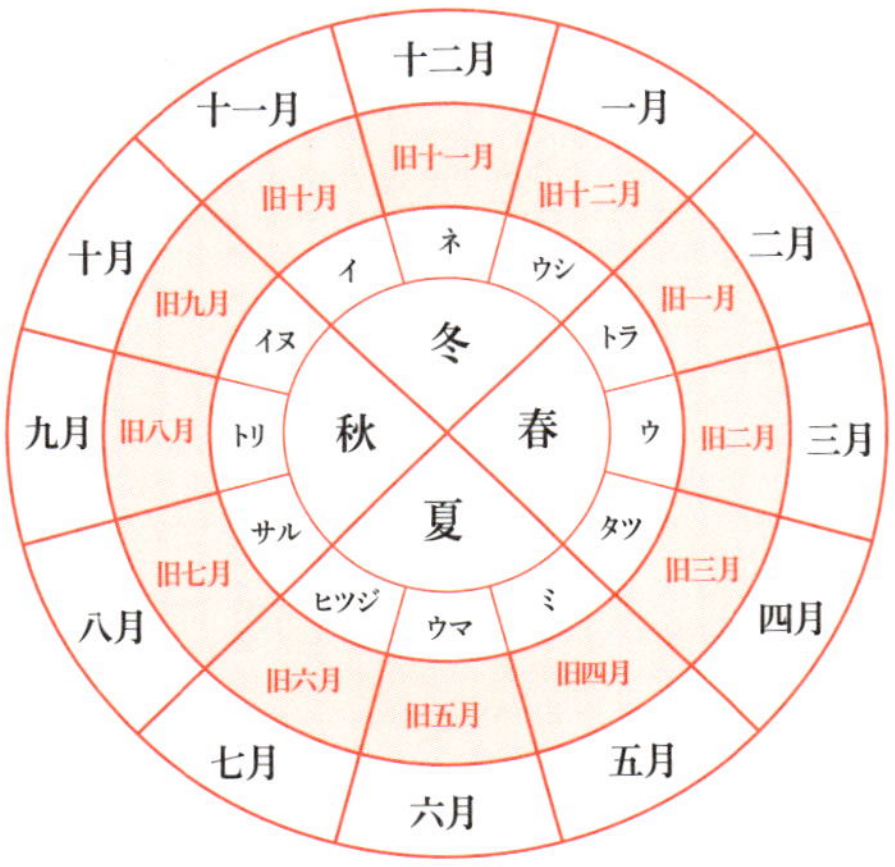

上の図でわかるように、旧暦《きゅうれき》の一月～三月は春ですが、今の暦《こよみ》ではおよそ二月～四月。梅《うめ》が咲《さ》きはじめて桜《さくら》が咲《さ》き終るまでが春です

ね。でも旧暦《きゅうれき》と同じように今の一月を「春ですよ」といっても、二月に向かってもっと寒くなる季節《きせつ》ですから、だれも春だとは思えませんね。

二十四節気《せっき》

旧暦《きゅうれき》は、月の動きで作った暦《こよみ》でした。

月は二十九・五日で次の新月になります。つまり、十二か月はおよそ三百五十五日です。しかし一年は三百六十五日なので、月の動きだけでは十日たりません。三年すぎると、一か月もずれてしまいます。だから太陽の動きを使って、季節《きせつ》と暦《こよみ》が大きくずれないように調整しました。

そこで使われるのが「二十四節気《せっき》」です。太陽の動きを二十四に割《わ》って、それぞれに季節《きせつ》の名前をつけています。

下の図を見て下さい。春夏秋冬を三か月ずつとすると、それぞれの季節《きせつ》のはじめは「立～」となっています。「立春《りっしゅん》」の向こうは「立秋《りっしゅう》」。「立夏《りっか》」の反対は「立冬《りっとう》」です。

春と秋のまん中は、その季節《きせつ》を分けるように、「春分《しゅんぶん》」と「秋分《しゅうぶん》」です。

そして夏は「大暑《たいしょ》」で終り、その反対にある冬は「大寒《だいかん》」で終っています。

一年でいちばん暑いころを、私たちは夏のまっただ中にいるように感じます。でも昔の人は、いちばん暑い日（大暑《たいしょ》）で夏が終り、同じように、もっとも寒い日（大《だい》寒《かん》）で冬が終ると感じていたのですね。昔と今の人の、季節《きせつ》感のいちばん大きなちがいは、ここにあります。

目次

コラム

クロスワードの解《と》き方

1 「カギ」の文を読んで、答えを考えましょう
2 答えをマスに書いてみましょう
カギと同じ番号に書きましょう
タテの答えはたてに、ヨコの答えはよこに書きましょう
3 小さい「っ」や「ゅ」は、大きい「つ」や「ゆ」で書きましょう
4 片仮名《かたかな》は平仮名《ひらがな》で書きましょう
5 のばす「ー」は、そのまま「ー」と書きましょう
6 ○印のマスは濁音《だくおん》(「ば」など)や半濁音《はんだくおん》(「ぱ」など)でも構いません
7 それぞれの月の言葉を使うようにしてありますが、歳時記《さいじき》と直接《ちょくせつ》は関係《かんけい》ない言葉もふくまれています

一月

睦《む》月《つき》

旧暦《きゅうれき》という昔の暦《こよみ》では、一月は「睦月《むつき》」ともよばれていました。

お正月には多くの人と久しぶりに会って、いっしょに仲《なか》よく（仲睦《なかむつ》まじく）すごすので、「睦月《むつき》」とよばれるようになったともいわれています。

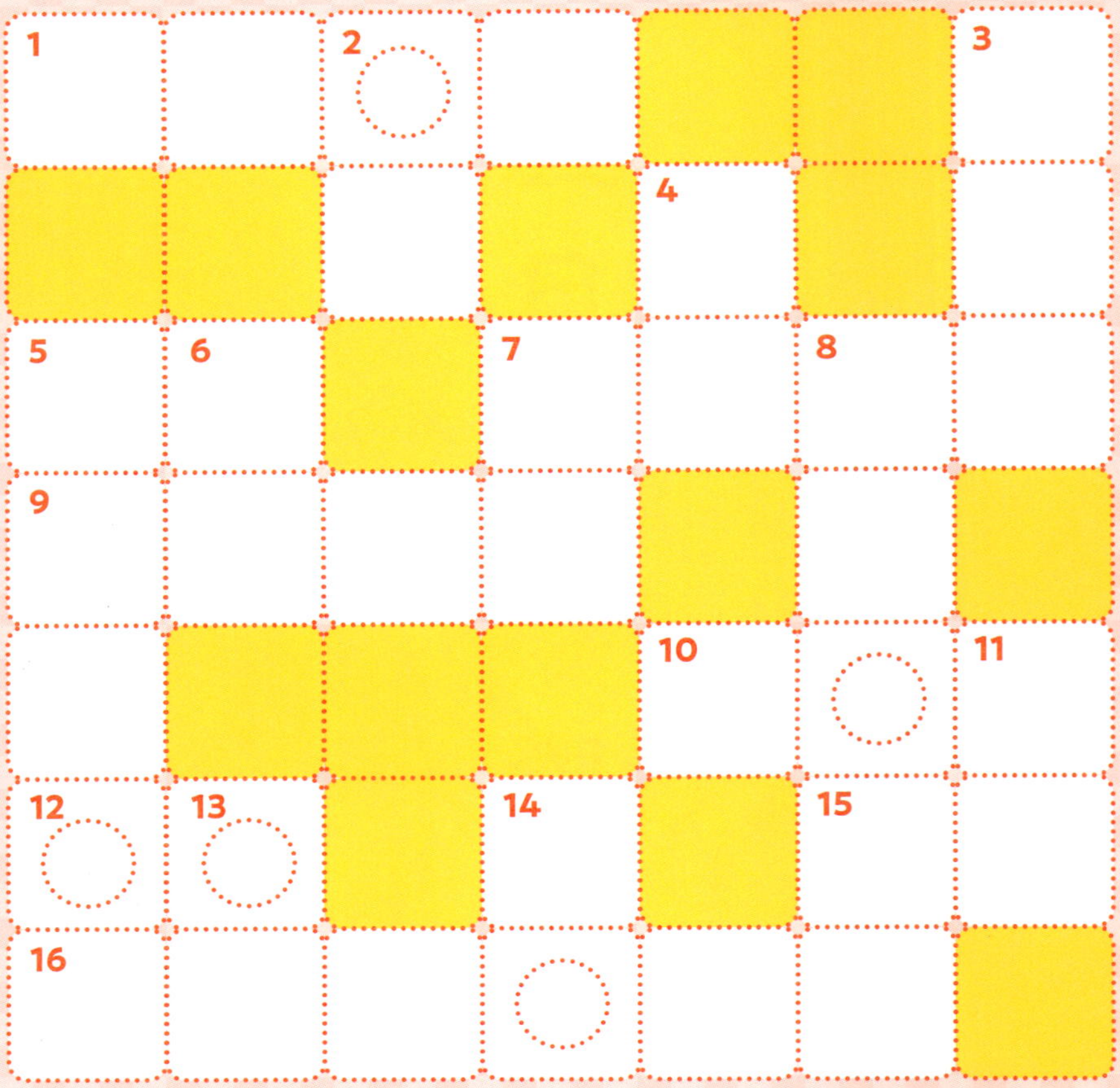

タテのカギ

2 わたしたちを幸せにしてくれる福の神は、めでたい数にまとめられ、今は「○○福神《ふくじん》」といわれています。

3 一年中笑顔《えがお》ですごしたいという願《ねが》いがこめられています。「初《はつ》○○○」。正月の遊びに「福《ふく》○○○」もあります。

4 正月といえば一番の楽しみはこれ。いくつになっても、もらうのが楽しみですね。「お○○玉」

5 よい初夢《はつゆめ》を見るために、「○○○○○」の絵をまくらの下にしきます。

6
七十歳《さい》のこと。昔はこの年まで生きる人が少なかったという意味です。

7
正月に家の出入り口や神棚《かみだな》に張《は》って、悪い物が入らないようにしました。「○○縄《なわ》」

8
お菓子《かし》の種類《しゅるい》。中のあんを赤くして、白い皮に緑の色をつけたりします。「織《おり》部《べ》○○○○○」

あんを包んで、むして作ります。

11
うれしそうに、喜《よろこ》び楽しんでいる様子を表した言葉です。「○○として水と遊んでいる」などと使います。

13
昔は一月~三月が「春」でした。ですから、今でも一月のことを「○○春《しゅん》」といいます。

14
お祝《いわ》いの包《つつ》み紙に、長生きを願《ねが》ってつけるもの。今は紙で出来たものが多いのですが、昔はアワビをかわかしたものを使っていました。

ヨコのカギ

1
花名。縁起《えんぎ》のよい名前です。別名を元日草《がんじつそう》や朔日草《ついたちそう》ともいいます。「○○○○草《そう》」

5
今も人気《にんき》の正月の遊びです。さまざまな形と大きさがあります。空高く上がると気持ちがよいですね。「○○上げ」

7
中国から伝《つた》わった動物の舞《ま》いです。新年やお祭りの時に行われます。頭をかんでもらうとよいことがあるそうです。

9
正月二日に、書道《しょどう》の上達《じょうたつ》を願《ねが》って行います。

10
たくさんの種類《しゅるい》の糸で模様《もよう》を生みだす織《お》り物です。「○○○をかざる」ということわざもあります。

12
「一○○　二鷹《たか》　三なすび」。縁起《えんぎ》のよい夢《ゆめ》ですね。

15
金団《きんとん》で作ったお菓子《かし》です。まっ白でやわらかくて餅《もち》のようです。「○○餅《もち》」

16
「明けましておめでとうございます。」新年のあいさつが直接《ちょくせつ》できない人に出す手紙です。

くらしの歳時記《さいじき》

【七福神《しちふくじん》】

わたしたちに幸せをもたらす福の神として、広く信《しん》じられてきた神さまを、室町《むろまち》時代に、おめでたい「七」にまとめたのが七福神《しちふくじん》です。名前と出身は、恵比須《えびす》（日本）、大黒天《だいこくてん》（インド）、毘沙門天《びしゃもんてん》（インド）、弁財天《べんざいてん》（インド）、布袋《ほてい》（中国）、福《ふく》禄寿《ろくじゅ》（中国）、寿老人《じゅろうじん》（中国）です。国際的《こくさいてき》ですね。さまざまな絵にもかかれています。七宝《しっぽう》とよばれる宝物《たからもの》と、七福神《しちふくじん》が乗った宝船《たからぶね》の絵がかかれた紙をまくらの下にしいてねむると、よい初夢《はつゆめ》が見られるといわれています。

左から毘沙門天、弁財天、布袋、恵比寿、寿老人、大黒天、福禄寿

【おせち】

お正月には、一年が幸せになることを願《ねが》った料理《りょうり》を食べます。

おせちには、おめでたい言葉が入った食べ物がたくさんあります。かち栗《ぐり》（勝ち）、コンブ（よろこぶ）、黒豆（まめにはたらく）、タ

イ（めでたい）など、おいしいだけでなく、新年をむかえたうれしい気持ちをこめた料理《りょうり》です。

雑煮《ぞうに》

元日《がんじつ》（一月一日）から三日まで、朝に食べるしる物です。いろいろな食材《しょくざい》が入っています。地方や家庭ごとに、具材《ぐざい》や味付けはちがうことが多く、決まりはありません。関東《かんとう》はしょうゆや塩《しお》で味付けするすき通ったおすまし、関西《かんさい》は白みそ味が多いようです。東日本は四角い切り餅《もち》、西日本は丸餅《もち》をよく使います。

七草《ななくさ》かゆ

一月七日の朝、七種類《しゅるい》の植物が入ったおかゆを食べます。これを食べると一年間、病気をしないといわれています。

七草は、せり、なずな、ごぎょう、はこべら、ほとけのざ、すずな（かぶ）、すずしろ（大根）です。「春の七草」ともよばれています。

門松《かどまつ》

正月は年神《としがみ》さま（一年間家を守ってくれる神さま）をむかえるために、とくに家をきれいにして、いろいろなかざりつけをします。

家の出入り口には、「門松《かどまつ》」とよばれる松《まつ》の木のかざりをおきます。松《まつ》の木は神さまが降《お》りてくる木だと考えられています。竹や梅《うめ》と組み合わせてかざることもあります。

注連縄《しめなわ》

悪いものが入ってこないように、玄関《げんかん》や神棚《かみだな》に縄《なわ》を張《は》ります。かざり方はさまざまです。

鏡餅《かがみもち》

大小二個の餅《もち》を重ねて、神さま仏《ほとけ》さまに供《そな》えます。名前の由来《ゆらい》は、餅《もち》の下の部分が鏡《かがみ》のように平らになっていることです。

家の中の大事な場所には、掛《か》け軸《じく》や花、鏡餅《かがみもち》などをかざります。

鏡餅《かがみもち》は串《くし》に通した干《ほ》し柿《がき》・コンブ・ダイダイ・梅干《うめぼ》しなどでかざるのですが、家ごとにさまざまです。

正月の遊び

♪もういくつねるとお正月　お正月にはたこあげて　こまを回して遊びましょう　早くこいこいお正月♪

と歌われるように、たこあげ・こま回し・かるた・羽根《はね》つきなど、たくさんの遊びがあります。

「たこ上げ」は日本だけでなく、世界中で遊ばれていますが、その中でも日本は種類《しゅるい》が多く、日本は「たこの宝庫《ほうこ》」といわれています。地方によって大きさ・形・絵はさまざまで、その名前も、「たこ」だけでなく「いか」「はた」「たか」「たつ」などとよばれています。

初《はつ》もうで

正月をむかえると、さまざまな「はじめて」を行い、よりよい一年となるようにお願《ねが》いします。

「初《はつ》もうで」もその「はじめて」の一つです。神社やお寺におまいりをして、神さまや仏《ほとけ》さまに一年のことをお願《ねが》いします。

初夢《はつゆめ》

「一富士《ふじ》二鷹《たか》三なすび」といって、富士山《ふじさん》や鷹《たか》、なすの夢《ゆめ》を見るのがとくによいといわれてきました。また、よい夢《ゆめ》を見ることができるように、宝船《たからぶね》の絵をまくらの下にしきました。

初笑《はつわら》い

一年中笑顔《えがお》でいられますようにと願《ねが》い、その年にはじめて笑《わら》うことです。

目かくしして顔の形のパズルを完成させる「福笑《ふくわら》い」など、お正月らしい遊びをするのも楽しいですね。

書初《かきぞ》め

一年の目標《もくひょう》や願《ねが》いごとを筆で書くことです。一月二日には書初《かきぞ》めをして、書道《しょどう》が上手になるように願《ねが》います。

年賀状《ねんがじょう》

新年のあいさつをするために、お世話《せわ》になった人をたずねることを「年賀《ねんが》」といいます。「新年あけましておめでとうございます」というあいさつをし、相手と自分が新年を無事《ぶじ》にむかえられたことを祝《いわ》います。

直接《ちょくせつ》たずねることができない人には、年賀状《ねんがじょう》を出します。旧暦《きゅうれき》（4ページを見てね）では、一月・二月・三月が春です。一月を「新春《しんしゅん》」や「初春《しょしゅん》」とよびました。ですから今でも年賀状《ねんがじょう》にはその言葉を入れて、おめでとうのあいさつをし、その人の一年がよい年になることを願《ねが》って文章を書きます。

お菓子《かし》

花びら餅《もち》

甘く煮たごぼうが入っています。

天皇家《てんのうけ》の方々がくらす宮中《きゅうちゅう》で食べられていた「雑煮《ぞうに》」が元になっています。江戸時代《えどじだい》の終りに、茶道裏千家《ちゃどううらせんけ》の十一代家元《いえもと》・玄々斎《げんげんさい》という人が、宮中《きゅうちゅう》から許可《きょか》をいただき、小さくしてお菓子《かし》として食べるようになりました。京都の雑煮《ぞうに》は白みそを使いますから、このお菓子《かし》もやわらかい白みそのあんが入っています。

千《ち》代《よ》結《むす》び

砂糖《さとう》にあめを加えて煮《に》つめて固《かた》める「有平糖《あるへいとう》」というポルトガルから伝《つた》えられた作り方です。戦国《せんごく》武将《ぶしょう》の織田信長《おだのぶなが》のころ伝《つた》わりました。仲《なか》よく長く（千代《ちよ》に）結《むす》ばれますようにという願《ねが》いがこめられています。

雪餅《もち》

まっ白い雪のような金団《きんとん》で作ったお菓子《かし》です。「餅《もち》」とよばれていますが、お餅《もち》ではありません。金団《きんとん》とは、あんのまわりに、同じあんを細かくしたそぼろをまぶしたものです。この雪餅《もち》では、いつもより細かいそぼろを作ります。やわらかくて、餅《もち》のようにも感じます。

花

福寿草《ふくじゅそう》

正月（旧暦《きゅうれき》）に咲《さ》く代表的《だいひょうてき》な花です。「福寿《ふくじゅ》」というおめでたい名前で、黄色い美しい花をつけます。正月にちなんで元日草《がんじつそう》、朔日《ついたち》草《そう》ともいわれます。

椿《つばき》

漢字で「椿」と書くのは、旧暦《きゅうれき》の春（一月〜三月）に咲《さ》くので「春」と「木」を組み合わせたからです。中国ではこの花を「山茶」と書きます。わたしたちが飲むお茶はツバキ科の植物の若葉《わかば》から作られます。花もよく似《に》ています。十月ころから咲《さ》くものもあります。椿《つばき》の種類《しゅるい》はとても多く、日本だけでも二千種《しゅ》以上《いじょう》あります。

千両《せんりょう》・万両《まんりょう》

左：万両（まんりょう）　右：千両（せんりょう）

どちらも赤い実《み》をつけますが、二つはちがう植物です。雪が降《ふ》った庭に、まっ赤《か》な実《み》が美しくはえます。「両《りょう》」は昔のお金の単位《たんい》です。葉の上に実《み》をつけるのが「千両《せんりょう》」。葉の下につけるのが「万両《まんりょう》」。千《せん》両《りょう》より重そうについているので、万両《まんりょう》とよばれます。

【突羽根《つくばね》】

秋に実《み》がなるのですが、その実《み》には四枚《まい》の羽根《はね》のようなものがついています。これが正月に遊ぶ羽《は》根《ね》つきの羽根《はね》に似《に》ているための名前です（12ページのイラストを見てね）。

文様《もんよう》や形

【鶴《つる》・亀《かめ》】

「鶴《つる》は千年、亀《かめ》は万年」長生きするといわれてきました。幸せに長生きしたいと願《ねが》う気持ちは今でもかわることがありません。

とても長生きをした亀《かめ》には緑色の毛が生えてくるといわれています。

【干支《えと》】

その年を表す動物を干支《えと》といいます。みなさんは自分の干支《えと》がわかりますか？

年のはじめに、その年の干支《えと》や自分の生まれ年の干支《えと》のものをかざったり、そんな絵のある茶碗《ちゃわん》でお茶をいただいたりしたら楽しいですね。

ネ（ネズミ）、ウシ、トラ、ウ（ウサギ）、タツ（リュウ）、ミ（ヘビ）、ウマ、ヒツジ、サル、トリ、イヌ、イ（イノシシ）の順番《じゅんばん》で、一年ずつかわっていきます。

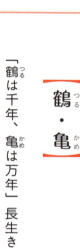

1 ふ	く	2 し	ゆ			3 わ
		ち		4 と		ら
5 た	6 こ		7 し	し	8 ま	い
9 か	き	ぞ	め		ん	
ら				10 に	し	11 き
12 ふ	13 し		14 の		15 ゆ	き
16 ね	ん	が	し	よ	う	

答え

【タテ】

2 七《しち》（福神《ふくじん》）

3 笑《わら》い

4 （お）年《とし》（玉）

5 宝船《たからぶね》

6 古希《こき》

7 注連《しめ》（縄《なわ》）

8 （織部《おりべ》）まんじゅう

11 嬉《き》嬉《き》

13 新《しん》（春《しゅん》）

14 のし

【ヨコ】

1 福寿《ふくじゅ》（草《そう》）

5 たこ（上げ）

7 獅子舞《ししまい》

9 書《か》き初《ぞ》め

10 錦《にしき》

12 富士《ふじ》

15 雪《ゆき》（餅《もち》）

16 年賀状《ねんがじょう》

二月

如月《きさらぎ》

旧暦《きゅうれき》二月のことです。草木が芽《め》を出しはじめるころ、という意味で、「生更《きさら》ぎ」（生《い》き更《かえ》る）が由来であるともいわれています。「着更着《きさらぎ》」の字をあてるのは、正しくありません。

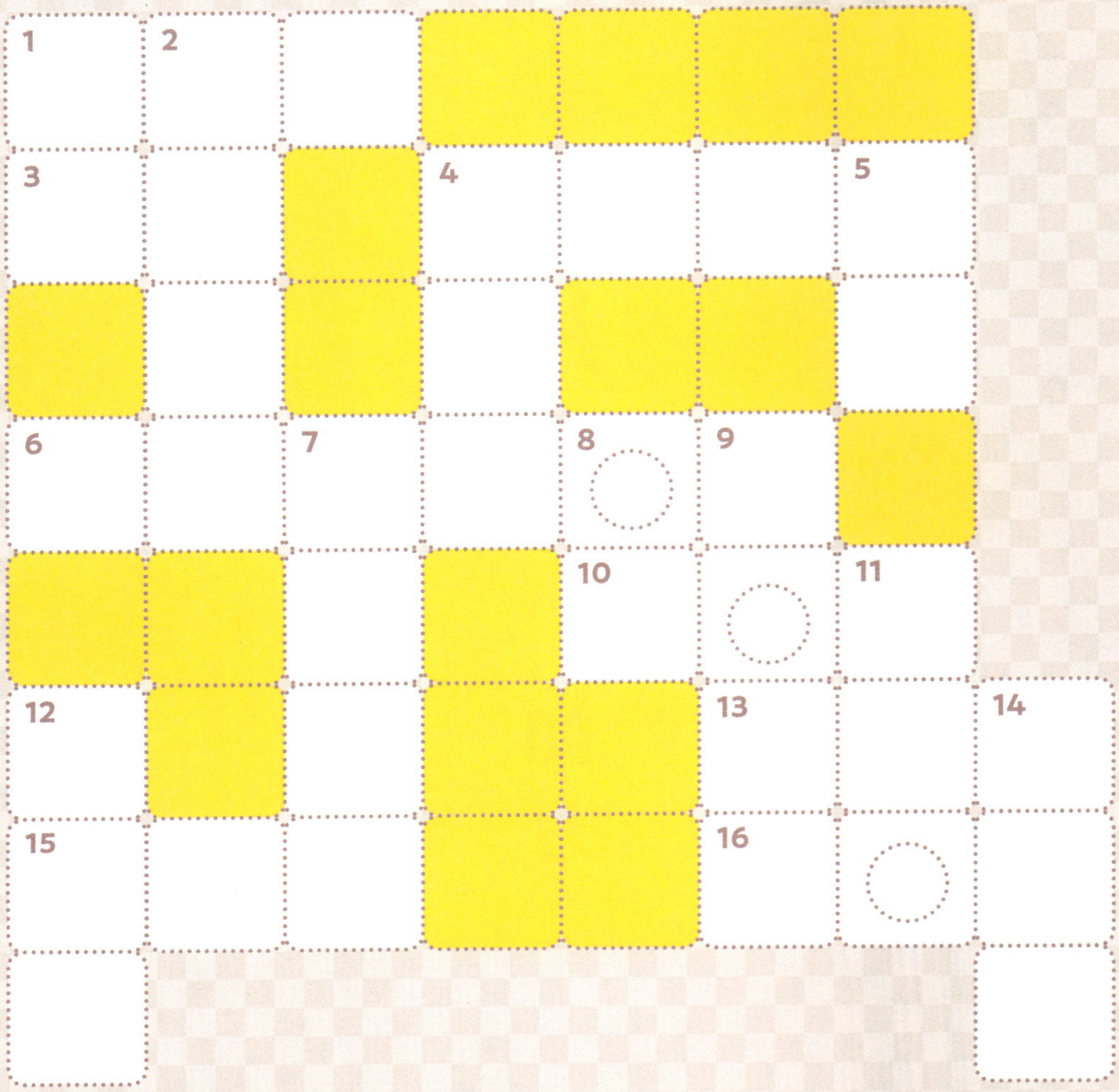

タテのカギ

1 花名。年のはじめに咲《さ》くので「花の兄」ともいわれます。

2 花名。地中海《ちちゅうかい》が原産《げんさん》のかわいい花です。白または黄色の花は、甘《あま》い香《かお》りがします。

4 二十四節気《せっき》の一つ。この日から春がはじまります。「立《りつ》○○○」

5 十二の動物を、それぞれの年に順番《じゅんばん》に当てはめます。あなたの「○○」は何ですか？

7 二月三日は節分《せつぶん》です。「鬼《おに》は外、福は内」といいながら「○○○○」をします。

8 一月に勉強した「七《なな》○○」。芽《め》が出てくるのは今ごろです。

9 鳥名。二月ごろ山から里におりてきます。体の色は「○○○○色」。色や形をまねた「○○○○餅《もち》」が食べられています。

11 植物名。「春の木」という意味です。枝《えだ》を結《むす》んで輪《わ》にすると、正月のかざりにもなります。

12 動物名。神さまのお使いだそうです。油あげが好物《こうぶつ》です。「○○○うどん」

14 スポーツなどには勝ちぬきのトーナメント戦《せん》と、総当《そうあた》りの「○○○戦《せん》」があります。「J○○○」「セントラル○○○」など。

ヨコのカギ

1 二十四節気《せっき》の一つ。降《ふ》っていた雪が雨にかわり、雪が溶《と》けはじめるころです。

3 その土地を代表するものを「○○物」、特別《とくべつ》に優《すぐ》れた人を「○○人」といいます。

4 雪が積《つ》っていても、その下には草の芽《め》が出はじめます。このことを「雪間《ゆきま》の草」や「○○○○」といいます。きれいな言葉ですね。

6 学問の神さま・菅原道真《すがわらみちざね》を祭っているのが「○○○○○○」です。受験生《じゅけんせい》もたくさんおまいりします。

10 日本神話に出てくる美しい女神《めがみ》。梅《うめ》や桜《さくら》の花の神だといわれています。「この花○○○ひめ」

13 料理名《りょうりめい》。甘《あま》いおだしを含《ふく》ませた油あげに、酢飯《すめし》がつめてあります。「○○○ずし」

15 お菓子《かし》の名前。餅《もち》を、この季《き》節《せつ》を代表する植物「○○○」の葉ではさんであります。「○○○餅《もち》」

16 この季節《きせつ》に外でするスポーツです。このごろは「○○○場」でスノーボードをしている人も多いです。

くらしの歳時記《さいじき》

立春《りっしゅん》

二月四日ころが「立春《りっしゅん》」です。二十四節気《せっき》（5ページを見てね）のはじまりです。春がはじまるころという意味で、寒い中に、少しずつ春が見つかるようになってきます。旧暦《きゅうれき》（4ページを見てね）では、この立春《りっしゅん》の前か後の新月の日を元《がん》日《じつ》としていたので、「立春正月《りっしゅんしょうがつ》」といわれました。一月に勉強した年賀状《ねんがじょう》で、「新春《しんしゅん》」「初春《はつはる》」と書くのはこの理由でしたね。

雨水《うすい》

同じく二十四節気《せっき》の一つで、二月十八日ころです。雪が雨にかわったり、積《つも》っていた雪が溶《と》けだしたりと、冬から春への変化《へんか》がはじまります。雪の下に春の草が芽《め》を出しはじめるころですから、昔の人は物語や和歌・俳句《はいく》に「雪間《ゆきま》の草」「下萌《したも》え（草の芽《め》が地中から出はじめること）」といった言葉を使いました。

節分《せつぶん》

二月三日は節分《せつぶん》といい、立春《りっしゅん》の前日です。立春《りっしゅん》が春のはじまりなので、節分《せつぶん》は春になる前日、冬の最後《さいご》の日、一年の最後《さいご》の日とも考えられます。その日、中国では鬼《おに》が出入りするといわれていました。鬼《おに》を退治《たいじ》する力をもっているのが豆です。「鬼《おに》は外、福は内」といいながら、豆を鬼《おに》にぶつけて家の外に追い出します。

恵方《えほう》という、年神《としがみ》さまのいる方角を向いて、年の数に一つ加えた数の豆を食べます。近ごろでは、

恵方《えほう》を向いて太巻《ふとまき》を食べる人もいるみたいです。地方によってはイワシの頭を柊《ひいらぎ》の枝《えだ》にさして、家の出入り口にかざるところもあります。イワシのにおいと柊《ひいらぎ》のトゲは、鬼《おに》が苦手《にがて》だからという説もあります。

ひいらぎいわし

【天満宮《てんまんぐう》】

菅原道真《すがわらみちざね》という人が平安《へいあん》時代にいました。身分《みぶん》はひくかったのですがとても頭がよく、漢詩（中国の詩）を作るのも上手でした。そして右大臣《うだいじん》というとても高い位《くらい》についたのですが、まわりの人からいじわるをされ、九州に追放《ついほう》されて亡《な》くなりました。その命日《めいにち》が二月二十五日です。その後、いじめた人たちにわるいことが続《つづ》いたので、道真《みちざね》をきちんと祭らなかったからだと考え、京都に北野天満宮《きたのてんまんぐう》をたて、神として祭りました。

　九州に流される時、大事にしていた梅《うめ》の和歌を詠《よ》んだら、その梅《うめ》が道真《みちざね》に会いたくて、九州まで飛んでいったそうです。道真《みちざね》を祭る天満宮《てんまんぐう》は全国にたくさんあり、どこも梅《うめ》の花が美しいのが有名です。命日《めいにち》の二月二十五日は北野天満宮《きたのてんまんぐう》で梅花祭《ばいかさい》が行われます。学問の神さまとしてしられ、受験生《じゅけんせい》も多くおまいりします。

【冬のスポーツ】

スキー、スケート、スノーボードなどがあります。スキー場ではスキーの他に、スノーボードを楽しむ人もたくさんいます。スケートは室内でもできますが、もともと屋外《おくがい》のもので、とくに寒いところでは、氷を張《は》った田んぼなどで楽しんでいます。

初午《はつうま》

二月の最初《さいしょ》の午《うま》の日（年だけでなく、月にも日にも干支《えと》があります）には、初午《はつうま》という祭りが全国の稲荷《いなり》神社で行われます。京都にある伏見稲荷大社《ふしみいなりたいしゃ》は、全国に三万社ある、お稲荷《いなり》さまの総本社《そうほんしゃ》です。千本鳥居《とりい》（本当は一万基《き》とも）といわれる赤く美しい鳥《とり》居《い》が有名です。その稲荷《いなり》の神さまのお使いといわれているのがきつねです。好物《こうぶつ》は油あげです。油あげに酢飯《すめし》をつめたおすしは稲荷《いなり》ずし。油あげの乗ったうどんはきつねうどん。みんな大すきですね。稲荷《いなり》の神さまは、商売の神さまといわれますが、もともとは文字通り稲《いね》と農業の神さまです。ちなみに初午《はつうま》の日は、江戸《えど》時代の子どもが寺子屋《てらこや》（読み書きなどを学ぶところ）に入門する日だったそうです。入学式の日だったんですね。

かまくら

秋田県の子どもたちの祭りです。雪をかためて作った丸い部屋で、水神《すいじん》さまを祭って、中では餅《もち》を焼《や》いたり、甘酒《あまざけ》を飲んで、楽しい夜をすごします。

お菓子《かし》

鶯餅《うぐいすもち》

鶯《うぐいす》色の餅《もち》皮であんを包《つつ》み、両はしをつまんで、きなこをかけたお菓子《かし》です。色と形が鶯《うぐいす》を連想《れんそう》させます。鶯《うぐいす》は二月ごろ、山から人里におりてきます。梅《うめ》と鶯《うぐいす》は、よくいっしょに絵にかかれます。早《そう》春《しゅん》らしい組み合わせですね。

椿餅《つばきもち》

蒸《む》した米をかわかしたもの（道《どう》明《みょう》寺《じ》といいます）で作った餅《もち》を、二枚《まい》の椿《つばき》の葉ではさんでいます。平安《へいあん》時代からあるお菓子《かし》です。

この花・さくやひめ

金団《きんとん》で作るお菓子《かし》で、白と赤で半々にしてあります。白梅《はくばい》と紅梅《こうばい》が美しく咲《さ》いているようです。日本神話に出てくる女神《めがみ》から、名前をとっています。梅《うめ》や桜《さくら》の神といわれる、「この花さくやひめ」です。とても美しいけれど命がみじかい女神《めがみ》で、「この花」や「さくやひめ」ともいわれます。

花

梅《うめ》

立春《りっしゅん》、つまり二月四日ごろ、雪の積《つ》った枝《えだ》に赤い小さな花が咲《さ》きはじめます。香《かお》りがすばらしく、日本でも中国でも和歌や詩によまれました。年のはじめに咲《さ》くので「花の兄」といわれます。寒い時に美しい松《まつ》・竹・梅《うめ》は、「松竹梅《しょうちくばい》」とよばれ、おめでたい植物として親しまれています。平安《へいあん》時代の中ごろまでは、桜《さくら》より人気《にんき》があったようです。実《み》は梅干《うめぼ》し・梅酒《うめしゅ》などに使われ、大事にされています。

水仙《すいせん》

地中海《ちちゅうかい》（南ヨーロッパ〜北アフリカ）が原産《げんさん》で、シルクロード（地《ち》中海《ちゅうかい》から中国までを結《むす》んだ古代の道）を通って、日本に伝《つた》えられた花です。日当りのよいところがすきです。白か黄色の五枚《まい》の花びらから、とても甘《あま》い香《かお》りがします。

柳《やなぎ》

「柳《やなぎ》」は漢字で、木へんに「卯《う》」と書くので、「春の木」という意味です（旧暦《きゅうれき》二月は「卯《う》」の月です）。

立春《りっしゅん》をすぎると、やわらかい緑色の芽《め》が出てきます。「一年がうまくいきますように」と願《ねが》いをこめる、結《むす》び柳《やなぎ》もあります。枝《えだ》を結《むす》んで輪《わ》を作るもので、今も正月に大事にされます。

節分草《せつぶんそう》

早春《そうしゅん》に木のかげなどに咲《さ》きます。高さは十〜二十センチほどで、白い五弁《べん》の花が咲《さ》きます。

コラム

鬼《おに》はどうしてトラのパンツ？

鬼《おに》はもともと目に見えませんが、仏教《ぶっきょう》が日本に広まるとともに、絵にかかれるようになりました。

冬の最後《さいご》の日が節分《せつぶん》。次の日は春の初日《しょにち》である「立春《りっしゅん》」です。この節分《せつぶん》と立春《りっしゅん》のあいだに鬼《おに》が出入りするとされています。

干支《えと》は年だけでなく、月や日や時間にも割《わ》りふられています。節《せつ》分《ぶん》のころは「丑《うし》の月」または「寅《とら》の月」にあたるので、「ウシ」と「トラ」の特徴《とくちょう》を合わせて、「ウシのツノ」が生え、「トラ柄《がら》のパンツ」をはいた鬼《おに》の図が出来ました。

文様《もんよう》や形

【雪輪《ゆきわ》】

雪の結晶《けっしょう》です。昔の人にも、雪の形がきちんと見えたのですね。古くからの文様《もんよう》です。

抹茶《まっちゃ》をいれる茶道具を「なつめ」といいます。イラストのなつめには、さまざまな形の結晶《けっしょう》がえがかれています。雪の降《ふ》る日に使いたいですね。

なつめは「棗」と書きます

【梅《うめ》】

五枚《まい》の花びらを、五つの○で表します。家紋《かもん》（家ごとのしるし）にも使われます。

コラム 「七」が多いのは？

七福神《しちふくじん》、一月七日、七草、七宝《しっぽう》、七五三縄《しめなわ》、七五三《しちごさん》など、日本には「七」がつく言葉や行事が多いですね。

数字には奇数《きすう》と偶数《ぐうすう》があります。二で割《わ》れないのが奇数《きすう》。割《わ》れるのが偶数《ぐうすう》です。奇数《きすう》は強い数字、偶数《ぐうすう》は弱い数字だと考えられました。うれしい気持ちはかわらない（割《わ》れない）方がよいので、奇数《きすう》を大事にしたのです。でも一ケタの奇数《きすう》で一番大きいのは九なのに、なぜ「七」が多いのでしょうか。

それは、「九」は王さまや天皇《てんのう》のような特別《とくべつ》な人が使う数字で、みんなは遠慮《えんりょ》して「七」を使っているからです。

1 う	2 す	い					
3 め	い		4 し	た	も	5 え	
	せ		ゆ			と	
6 て	ん	7 ま	ん	8 く	9 う		
		め		10 さ	く	11 や	
12 き		ま			13 い	な	14 り
15 つ	ば	き			16 す	き	ー
ね							ぐ

答え

【タテ】

1 梅《うめ》 2 水仙《すいせん》

4 （立《りつ》）春《しゅん》 5 干支《えと》

7 豆《まめ》まき 8 （七《なな》）草《くさ》

9 鶯《うぐいす》 11 柳《やなぎ》

12 きつね 14 リーグ

【ヨコ】

1 雨水《うすい》 3 名《めい》

4 下萌《したも》え 6 天満宮《てんまんぐう》

10 （この花）さくや（ひめ）

13 稲荷《いなり》（ずし） 15 椿《つばき》（餅《もち》）

16 スキー

三月

弥生《やよい》

旧暦《きゅうれき》の三月のことです。草木や花がいやおいしげる月、という意味です。昔は「ますます」のかわりに「いや」という表現を使いました。さまざまな花が、ますます咲《さ》くころなので、「弥《いや》生《お》い」といっていたのが、「やよい」に変化《へんか》したそうです。

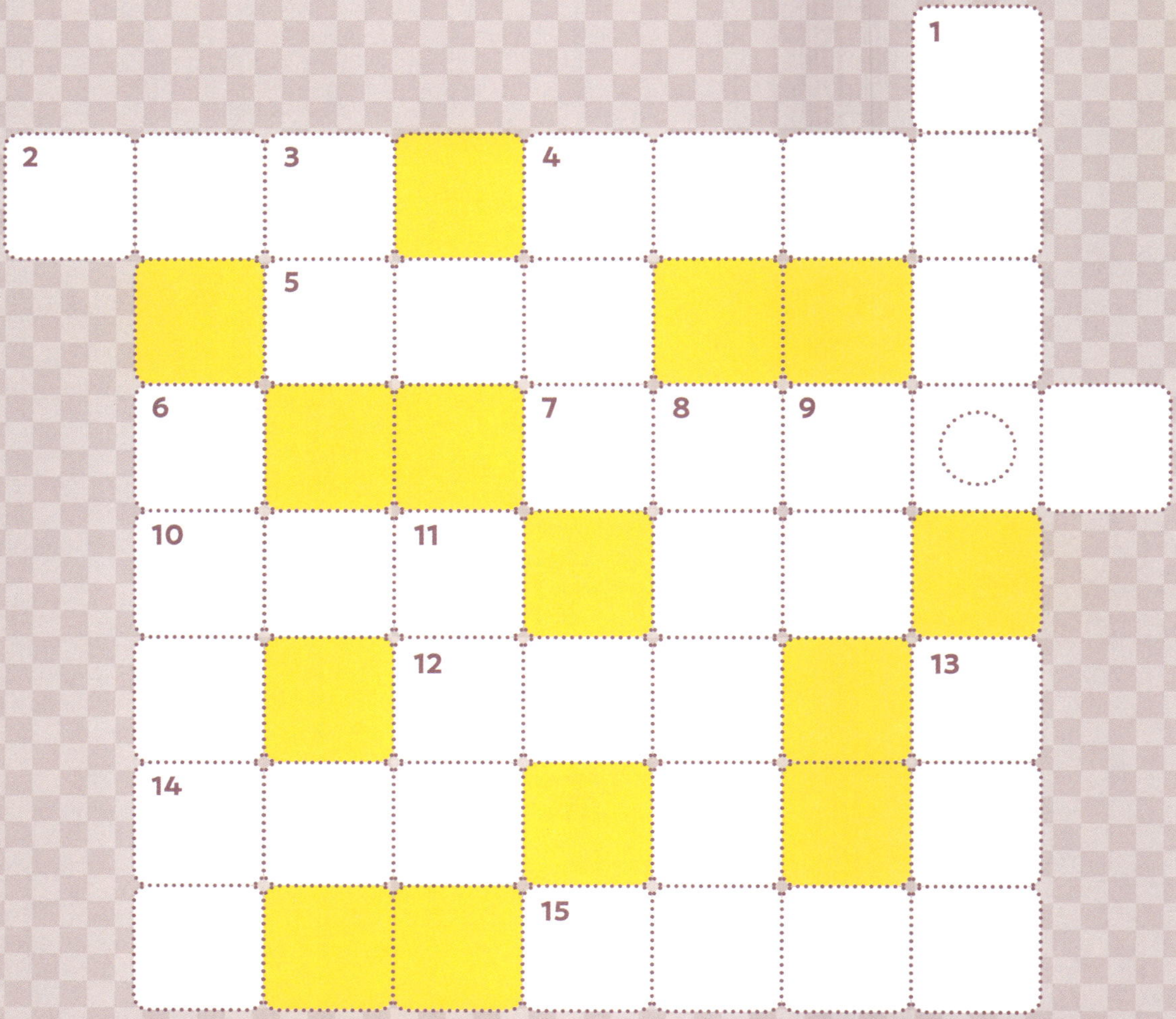

タテのカギ

1 「わずかな」とか「こころばかりの」という意味があります。「○○○○なお祝《いわ》い」「○○○○なプレゼント」などと使います。

3 大きな神社を神宮《じんぐう》ということがあります。明治神宮《めいじじんぐう》や平安神《へいあんじん》宮《ぐう》は有名ですね。でもたんに『神宮《じんぐう》』とだけいえば「○○神《じん》宮《ぐう》」のことを指します。

4 これが地面から芽《め》を出すと、「春だなぁ」と実感します。形が筆に似《に》ているので「土筆」と書きます。砂糖づけにすると、お菓子《かし》にもなります。

6 三月は全国の学校で「○○○○○式」が行われます。先生や友だちと別《わか》れて、次の学校や社会に進みます。

8 雛《ひな》祭りの歌は、♪おだいりさまと○○○○○、二人ならんですまし顔……♪

9 雛《ひな》祭りでは、三色の餅《もち》を重ねた「○○餅《もち》」をかざって食べます。

11 チョウやハチ、カブト虫も成《せい》虫《ちゅう》になる前はみんな「○○○」です。

13 天皇《てんのう》のすまいである皇居《こうきょ》は、「御所《ごしょ》」または「○○○」とよばれていました。

ヨコのカギ

2 旧暦《きゅうれき》三月のことをこうよびます。木や草が「いやおいしげる」月という意味です。

4 春の野に出かけて、わらびやたんぽぽなどの草花をとること。

5 雛《ひな》祭りは「桃《もも》の○○○」ともいわれます。

7 海に出かけて、干潮《かんちょう》の時間に砂《すな》の中から貝などをとります。

10 空を飛ぶのは、人類《じんるい》にとって永遠《えいえん》の夢《ゆめ》ですね。「鳥のように○○○があったらな」

12 菜《な》の花の仲間《なかま》ですが、黄色ではなく白色の花です。「春の七《なな》草《くさ》」の一つです。

14 薬草で魔除《まよ》けの力があるそうです。お菓子《かし》の材料《ざいりょう》にも使われます。「○○○餅《もち》」

15 雛《ひな》祭りでは「○○○○のおすいもの」を食べます。そういえば栗《くり》の形に似《に》ていますね。

くらしの歳時記《さいじき》

啓蟄《けいちつ》

三月五日ころ。二十四節気《せっき》（5ページを見てね）の一つです。冬のあいだ土の中にいた虫が穴《あな》をひらいて地上に出てくるころ、という意味です。青虫は「さなぎ」となり、やがてチョウになります。

春分《しゅんぶん》

三月二十一日ころ。二十四節気《せっき》の一つです。春分《しゅんぶん》の日という祝日《しゅくじつ》になっています。「春の彼岸《ひがん》の中日《ちゅうにち》」ともいい、お墓《はか》まいりをしたり、牡丹餅《ぼたもち》を食べます。太陽が真東からのぼり、真西にしずむので、昼と夜の長さがほぼ同じになるころです（88ページを見てね）。

雛《ひな》祭り

五節句《せっく》（68ページを見てね）の一つ。桃《もも》の節句《せっく》とも。お雛《ひな》さまをかざって、よもぎ餅《もち》や三色の菱餅《ひしもち》をお供《そな》えして祭ります。

♪明りをつけましょぼんぼりに

お花を上げましょ桃《もも》の花　五人囃《ばや》子《し》の笛太鼓《ふえたいこ》　今日は楽しい雛《ひな》祭り
♪

と歌われますが、今では女の子の祭りです。

天皇《てんのう》のすまいである皇居《こうきょ》は、内《だい》裏《り》とよばれました。そこで、天《てん》皇《のう》・皇后《こうごう》のすがたをした人形は、内裏雛《だいりびな》とよばれます。

潮干狩《しおひがり》

春が進んであたたかくなると、野原や川、海にも行きたくなります。潮干狩《しおひがり》は、旧暦《きゅうれき》の三月三日ころに海に出かけて、海水が海岸から引いていく時間（干潮《かんちょう》といいます）に、ハマグリなどの貝をとる遊びです。雛《ひな》祭りでハマグリのおすいものを食べるようになったのは、この行事に由来します。

卒業式《そつぎょうしき》

三月は学校で卒業式《そつぎょうしき》が行われます。思い出がいっぱいあふれている先生や友だちに別《わか》れを告《つ》げて、次の学校や社会へと旅立ちます。

お菓子《かし》

三月のお菓子《かし》には、雛《ひな》祭りにかかわるものがたくさんあります。

よもぎ餅《もち》

よもぎは薬草で、魔除《まよ》けの力があると考えられています。子どもが元気に育つことを願《ねが》って、よもぎをまぜたお餅《もち》を食べます。

ひちぎり

よもぎ餅《もち》のまん中をへこませたところに、あんをのせます。天皇《てんのう》のすまいである宮中《きゅうちゅう》で食べられていたお菓子《かし》で、はしを引きちぎったように見えることからの名前です。「引千切」と書きます。

菱餅《ひしもち》

緑・白・桃《もも》色の餅《もち》を重ねて、菱《ひし》形にしてあります。

貝づくし

このお菓子《かし》のように、水分がすくなくかわいた和菓子《わがし》を、干菓子《ひがし》といいます。潮干狩《しおひがり》をする季節《きせつ》らしく、さまざまな貝の形を選《えら》ぶ楽しみがあります。

わらび餅《もち》

山でとれる植物のわらびの根から取ったデンプン（わらび粉《こ》）で出来ています。あんを包《つつ》み、きなこをまぶして食べます。

プルプルとした食感が楽しいお菓子《かし》です。

花

桃《もも》

中国では、桃《もも》は悪いものをよけてくれる力があると信《しん》じられており、春をむかえる気持ちをこめて、家の出入り口に桃《もも》の絵をはります。日本の神話では、桃《もも》はこの世とあの世を結《むす》ぶ、不思議《ふしぎ》な力をもっています。桃《もも》は桜《さくら》と同じころに咲《さ》く地方が多いので、雛《ひな》祭りのころに桃《もも》の花を、野山で見つけるのは難《むずか》しいかもしれません。花屋さんで探《さが》してみましょう。

黄色い花

このころは黄色い花がもっとも多く咲《さ》く季《き》節《せつ》です。菜《な》の花・たんぽぽ・ミモザ・れんぎょう・山《やま》吹《ぶき》・水《みず》木《き》・三《みつ》椏《また》……。白や黄色のチョウチョが愛《あい》らしいですね。

れんぎょう

三椏（みつまた）

水木（みずき）

菜の花（なのはな）

文様《もんよう》や形

【わらび】

春になり、地面からわらびやぜんまいなどが芽《め》を出したすがたを表しています。

【流水】

雛《ひな》祭りは水にちなんだ行事です。流れる水に「さかづき」をうかべて歌をよむ「曲水《きょくすい》のうたげ」や、「流し雛《びな》」がルーツになっています。この季節《きせつ》に水の流れをあしらった文《もん》様《よう》が多く使われるのは、このことにちなんでいます。なにげないデザインも、歴史《れきし》や文化とつながっているんですね。

【桃《もも》】

花が咲《さ》くのはこの季節《きせつ》ですが、桃《もも》の花にはあまり特徴《とくちょう》がありません。なので、実《み》がなるのは八月ころですが、三月には桃《もも》の実《み》の形の文様《もんよう》が多く使われます。

コラム

雛《ひな》祭り

旧暦《きゅうれき》の三月三日は現在《げんざい》の四月です。あたたかくなり、水の冷《つめ》たさもゆるんできます。

中国ではこの日、川や海などの水辺に行って、体を清《きよ》める行事がありました。たくさんの人が集まるので、みんなで詩を詠《よ》んだり、食事をしたりして楽しみました。この行事が日本に伝《つた》わると、水に入るかわりに、人の形をした紙を海や川に流すようになり、それが草木やわらで作る人形に変化していきます。人形を流す「流し雛《びな》」を、今も行っている地方があります。

江戸《えど》時代には、その人形が立派

になって、家ごとにかざるようになりました。これが雛《ひな》祭りです。このころから女の子の節句《せっく》になりました。

人形をいくつかの段《だん》にかざるのは、江戸《えど》時代の中ごろからはじまり、三人官女《かんじょ》や五人囃子《ばやし》などが加わってきます。

雛《ひな》祭りでよもぎ餅《もち》を食べるのは、水で体を清《きよ》めるかわりによもぎの力で清《きよ》める意味があります。ハマグリを食べるのは、海辺で潮《しお》干狩《ひがり》をして遊び、貝を食べたことがはじまりです。

旧暦《きゅうれき》の三月三日ころは桃《もも》の花が美しく咲《さ》きます。同じころに桜《さくら》も咲《さ》くのですが、中国では桜《さくら》より桃《もも》が人気《にんき》でした。雛《ひな》祭りが「桃《もも》の節《せっ》句《く》」ともいわれる理由です。

							1 さ	
2 や	よ	3 い		4 つ	み	く	さ	
		5 せ	つ	く			や	
	6 そ			7 し	8 お	9 ひ	か	り
	10 つ	ば	11 さ		ひ	し		
	ぎ		12 な	ず	な		13 だ	
	14 よ	も	ぎ		さ		い	
	う			15 は	ま	ぐ	り	

答え

【タテ】

1 ささやか
3 伊勢《いせ》（神宮《じんぐう》）
4 土筆《つくし》
6 卒業《そつぎょう》（式）
8 お雛《ひな》さま
9 菱《ひし》（餅《もち》）
11 さなぎ
13 内裏《だいり》

【ヨコ】

2 弥生《やよい》
4 つみ草《くさ》
5 節句《せっく》
7 潮干狩《しおひがり》
10 翼《つばさ》
12 なずな
14 よもぎ（餅《もち》）
15 ハマグリ

四月

卯《う》月《づき》

旧暦《きゅうれき》の四月のことです。「卯《う》の花」が咲《さ》く月という意味から、「卯月《うづき》」になったといわれています。ウノハナはウツギともよばれます。枝《えだ》の中が空《くう》どうになっているので「空木《うつぎ》」です。白い小さな花です。

タテのカギ

1 花名「○○○吉野《よしの》」。桜《さくら》といえばこれ。江戸《えど》時代の終りに作られた品種《ひんしゅ》で、全国に広がりました。

3 木をならべて結《むす》びつけ、水上にうかべるものです。桜《さくら》の花びらが川を流れる様子は「花○○○」といわれ、菓子《かし》・デザインなどさまざまあり、親しまれています。

5 花名。桜《さくら》の一種《しゅ》。京都府《ふ》の花です。細い糸のように風にゆられているすがたがきれいです。

8 二十四節気《せっき》の一つ。春雨《はるさめ》が降《ふ》るころで、稲《いね》などの種《たね》まきをします。

9 飲み物。おしゃか様の誕生日《たんじょうび》を祝《いわ》って、お像《ぞう》に「○○○○」をかけたり、飲んだりします。

10 京都の桜《さくら》の美しさを織物《おりもの》にたとえて、「都ぞ春の○○○なりけり」と古歌に歌われました。

11 花名。すらりと細い葉に白い花がたくさんつきます。「○○柳《やなぎ》」

12 虫の名。桑《くわ》の葉を食べます。マユからは絹糸《きぬいと》がとれます。

ヨコのカギ

2 二十四節気《せっき》の一つ。清《きよ》らかで生き生きした様子が感じられます。

4 花名。大木に、白い大きな花がつきます。とてもよい香《かお》りがします。木蓮《もくれん》の仲間《なかま》です。

6 地名。三重県の一部は昔「○○の国」といわれました。甲賀《こうか》とならぶ、忍者《にんじゃ》のふるさとです。

7 菓子《かし》名。ピンクと白と緑などの三色が串《くし》にさしてあります。「花見○○○」

9 春は、竹の葉が落ちる時なので、「竹の○○」といわれます。

10 小学校では、大きなランドセルをせおった一年生が「○○○○○式」をむかえるころですね。

13 焼き物には、土から作られる陶器《とうき》と、石を粉《こな》にして作る「○○」があります。みなさんの家の台所で、陶器《とうき》と「○○」を探《さが》してみましょう。

14 カワラなどで出来ている屋根のことです。

15 植物名。桜《さくら》だけでも美しいのですが、「○○○」といっしょだと、とくべつな美しさがありますね。

くらしの歳時記《さいじき》

清明《せいめい》

二十四節気《せっき》（5ページを見てね）の一つで、四月四日ころです。

桜《さくら》が咲《さ》きはじめ草木がのび、清《きよ》らかで生き生きした様子が感じられます。そのころのことを表した言葉です。

穀雨《こくう》

二十四節気《せっき》の一つで、四月二十日ころです。春の最後《さいご》です。春雨《はるさめ》が降《ふ》り、穀物《こくもつ》や植物をうるおします。稲《いね》などの種《たね》まきをするのによいころあいです。

立春《りっしゅん》から数えて八十八日目は八十八夜《や》とよばれ、穀雨《こくう》の終りころにあたります（51ページを見てね）。

このころにつんだお茶の葉は新《しん》茶《ちゃ》となり、とても美味です。

花見

奈良《なら》時代（七一〇～七九四年）には桜《さくら》を見て楽しむようになったようです。江戸《えど》時代になると、花見はますます盛《さか》んになり、社会のみんなが楽しむようになりました。

現在《げんざい》の桜《さくら》でもっとも多くみかけるのは「染井吉野《そめいよしの》」ですが、この品種《ひんしゅ》が作られたのは、江戸《えど》時代の終りころです。奈良《なら》の有名な吉野《よしの》桜《ざくら》と、江戸《えど》（今の東京）の地名・染《そめ》井《い》を組み合わせた名前です。それまでは山桜《やまざくら》と枝垂桜《しだれざくら》が主な桜《さくら》でしたが、染井吉野《そめいよしの》は作られてから百五十年のあいだに、全国に広がりました。

ちなみに枝垂桜《しだれざくら》は京都府《ふ》の花に指定されています。

花祭り

仏教《ぶっきょう》をひらいた「おしゃか様」は、四月八日に、ある国の王子としてインドに生まれました。

花祭りは「おしゃか様」の誕《たん》

生《じょう》を祝《いわ》うもので、花でかざった小さなお堂《どう》に「おしゃか様」の像《ぞう》をおき、甘茶《あまちゃ》という植物から作った甘味《あまみ》のあるお茶をかけたり、飲んだりします。

この甘茶《あまちゃ》は額紫陽花《がくあじさい》の変種《へんしゅ》です。

入学式

四月になると、学校の新年度がはじまります。小学校に入る新入生は、大きな夢《ゆめ》と希望《きぼう》をもって、入学式にのぞみます。

みどりの日

国民の祝日《しゅくじつ》の一つです。もとは昭和天皇《しょうわてんのう》が生まれた四月二十九日でしたが、今では「みどりの日」となり、五月四日にかわりました。ゆたかな自然《しぜん》に感謝《かんしゃ》する日です。

ちなみに、この季節《きせつ》は春ですが、「竹の秋」という言葉があります。竹の葉が落ちはじめるので、まるで秋のようだという意味です。おもしろい言葉ですね。

お菓子《かし》

花見だんご

ピンク・白・緑などの三色のだんごが串《くし》にさされています。ピンクは桜《さくら》の花を、緑はその葉をそれぞれ表しています。桜《さくら》がなくても楽しいですし、桜《さくら》の下で食べると、もっと美味しいです。「花よりだんご」ですね。

桜餅《さくらもち》

あんを包《つつ》む皮には、餅米《もちごめ》から作る「道明寺《どうみょうじ》」と、小麦粉《こむぎこ》から作る「長命寺《ちょうめいじ》」の二つのタイプがあります。塩《しお》づけにした桜《さくら》の葉は、地方によって、巻《ま》いたり、二つに折《お》ってはさんだり……みなさんのところはどうですか？

都の錦《にしき》

ピンクと緑の金団《きんとん》があざやかな和菓子《わがし》です。ピンクは桜《さくら》、緑は柳《やなぎ》を表しています。

見わたせば
柳桜《やなぎさくら》をこきまぜて
都ぞ春の錦《にしき》なりける

平安《へいあん》時代の『古今和歌集《こきんわかしゅう》』にある、素性法師《そせいほうし》の有名なこの歌は、春の盛《さか》りの都（京都）の美しさをたたえています。柳《やなぎ》の緑と枝《し》垂桜《だれざくら》の美しさが、「錦織《にしきおり》」という中国の織物《おりもの》のようだという意味です。「都の錦《にしき》」というこのお菓子《かし》の名前は、この古歌からつきました。

花いかだ

桜《さくら》の花びらが川を流れていく様子が、「いかだ」のように見えます。ならべてみると、本当に「いかだ」のようです。

花

山吹《やまぶき》

三月でもふれましたが、春は黄色い花が目立ちます。その最後《さいご》となるのがこの花です。桜《さくら》の花が散《ち》るころ、河原《かわら》などの水辺に、黄色い五弁《べん》の花をさかせます。白色や、花びらがいくつも重なった八重《やえ》ざきのものもあります。

雪柳《ゆきやなぎ》

柳《やなぎ》のような葉に五弁《べん》の白い花が、まるで雪が積《つ》っているようにたくさん咲《さ》きます。

辛夷《こぶし》・木蓮《もくれん》

高さ十メートルにもなる大きな木に、白い六弁《べん》の大きな花が咲《さ》きます。とてもよい香《かお》りがします。木の高さが低《ひく》い木蓮《もくれん》は、紅紫《べにむらさき》色の花をつけます。

左：木蓮（もくれん）右：辛夷（こぶし）

文様《もんよう》や形

花いかだ

桜《さくら》が大すきだった豊臣秀《とよとみひで》吉《よし》のお墓《はか》のお堂《どう》には、桜《さくら》の花びらが川を流れていく様子が、まき絵（うるしを使ってえがく絵の一つ）でかかれています。

花見幕《はなみまく》

あたたかな春の日には、ピクニックに出かけたくなります。この文様《もんよう》は、野外で幕《まく》をかけたすがたを表しています。幕《まく》は、元は着物を枝《えだ》にかけたりしたものでした。中ではどんな人が食事をしたり、おどったりしているのでしょうか。

花見幕《はなみまく》は、左のように茶碗《ちゃわん》などにもえがかれます。

		1 そ						
2 せ	い	め	3 い		4 こ	ぶ	5 し	
		6 い	か				だ	
			7 だ	ん	8 こ		れ	
	9 あ	き			く		ざ	
	ま		10 に	11 ゆ	う	12 か	く	
	ち		13 し	き		14 い	ら	か
	15 や	な	き			こ		

こたえ

【タテ】

1 染井《そめい》（吉野《よしの》）

3 （花）いかだ

5 枝垂桜《しだれざくら》

8 穀雨《こくう》

9 甘茶《あまちゃ》

10 錦《にしき》

11 雪《ゆき》（柳《やなぎ》）

12 カイコ

【ヨコ】

2 清明《せいめい》

4 辛夷《こぶし》

6 伊賀《いが》

7 （花見）だんご

9 （竹の）秋《あき》

10 入学《にゅうがく》（式）

13 磁器《じき》

14 いらか

15 柳《やなぎ》

五月

皐《さ》月《つき》

旧暦《きゅうれき》五月のことです。この月は田植《たう》えが盛《さか》んで、神さまにささげる稲《いね》「早苗《さなえ》」を植える月という意味で「早苗月《さなえつき》」。みじかくして、「さつき」になったそうです。

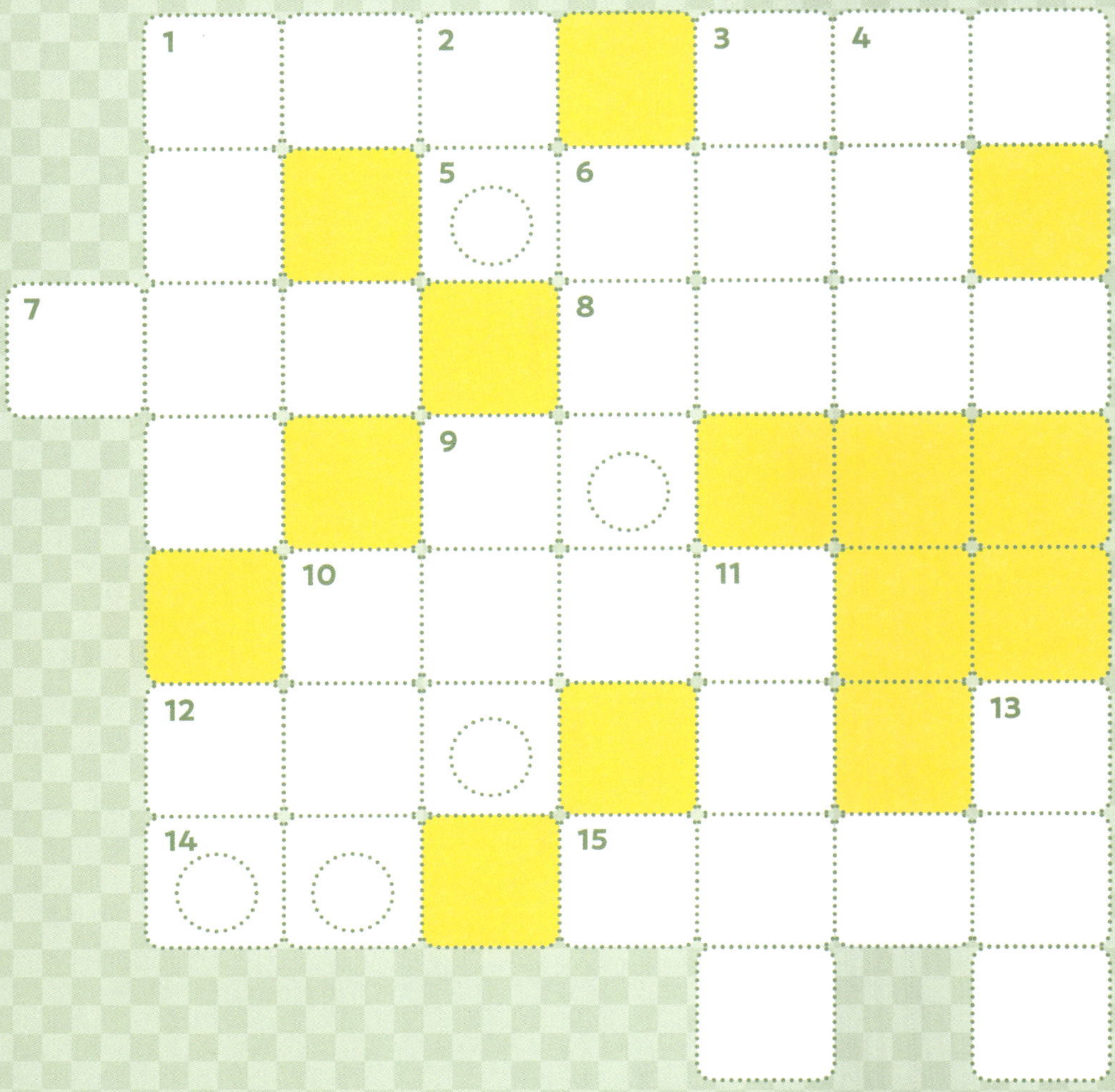

タテのカギ

1 ♪夏も近づく八十八夜《や》……♪ この歌の題名は？

2 日本の国鳥です。ライチョウやウズラなども仲間《なかま》です。

3 五月五日は子どもの日です。「○○○の節句《せっく》」といわれました。

4 「前」の反対がわは？

6 五月五日に作ります。運動会には、これを割《わ》るゲームがありますね。

9 旧暦《きゅうれき》四月は「卯月《うづき》」ともよばれます。「○○○」の花が咲《さ》く月という意味です。

10 京都の上賀茂《かみがも》神社・下鴨《しもがも》神社は「二葉葵《あおい》」のしるしを使っています。徳川《とくがわ》家の家紋《かもん》は「○○○葵《あおい》」です。

11 さわやかな五月、鯉《こい》のぼりが泳いでいる青空には、きっと「○○○○」がかがやいているでしょうね。

12 魚の名。京都の人は「○○」が大すきです。葵《あおい》祭の時はみな「○○ずし」を食べます。「○○街道《かいどう》」という道もあるくらいです。

13 五月五日は「こどもの日」。家に「○○○」や刀をかざり、男の子が元気で大きくなるよう願《ねが》います。

ヨコのカギ

1 菓子《かし》名。五月五日に食べたいですね。もとは保存《ほぞん》食でした。

3 二十四節気《せっき》の一つ「小満《しょうまん》」は、「○○○」の準備《じゅんび》をするころです。

5 蘭《らん》は、梅《うめ》、竹、菊《きく》とともに「○○○○」の一つです。

7 魚の名。「目には青葉　山ホトトギス……」と俳句《はいく》によまれています。その季節《きせつ》にとれるはじめてのたべものを「初《はつ》もの」といいます。江戸《えど》ッ子はとくにこの魚の初ものが大すきでした。

8 お正月のゲームです。サイコロの目の数だけコマを進めます。

9 一人でもみんなとでも、声を出して「○○う」のは楽しいですね。

10 植物名。四月から五月にかけて、うっすらと黄色い花をつけます。枝《えだ》がいつも三方に分かれます。和紙の材料《ざいりょう》になります。

12 旧暦《きゅうれき》五月のことで、「早苗月《さなえつき》」をみじかくしたものです。

14 五月の第二日曜日です。感謝《かんしゃ》をこめて、カーネーションをおくります。「○○の日」

15 植物名。五月五日の主役です。強い香《かお》りで清《きよ》める力をもっています。「軒《のき》○○○○」「○○○○湯」など、さまざまに使われます。

くらしの歳時記《さいじき》

こどもの日

五月五日は「こどもの日」ですね。端午《たんご》の節句《せっく》ともいわれます。雛《ひな》祭りが女の子の節句《せっく》なのにたいして、この日は男の子の節句《せっく》です。カブトをかざったり、鯉《こい》のぼりをあげたり、菖蒲《しょうぶ》湯に入り、「ちまき」や「柏餅《かしわもち》」を食べたりと、盛《も》りだくさんな一日です。

もともと中国では、この日は強い香《かお》りで体を清めてくれる菖蒲《しょうぶ》という植物が主役でした。人の形にして家の屋根下の軒《のき》につるしたり、大人はお酒に入れたりしたようです。日本に伝《つた》わると、菖蒲《しょうぶ》を軒《のき》につるしたり屋根にのせたり、よもぎなどといっしょに薬玉《くすだま》（61ページを見てね）にして、部屋にかざりました。江戸《えど》時代になると、菖蒲《しょうぶ》という発音が「尚武《しょうぶ》」（強いこと）や「勝負《しょうぶ》」と同じだったので、武家のあいだで、強くて勇《いさ》ましい節句《せっく》になり、カブトや刀などを床《とこ》の間《ま》にかざりました。菖蒲《しょうぶ》を湯ぶねにうかべて健康《けんこう》を祈《いの》る「菖蒲湯《しょうぶゆ》」も楽しむようになりました。

鯉《こい》のぼりは、「大きな三つの滝《たき》を登った鯉《こい》は、龍《りゅう》になって天下をおさめる」、という中国の伝説《でんせつ》にもとづいています。

立夏《りっか》

二十四節気《せっき》の一つで、五月五日ころです（5ページを見てね）。新《しん》緑《りょく》が美しく、風がさわやかです。

小満《しょうまん》

二十四節気《せっき》の一つで、五月二十一日ころです。田《た》植《う》えの準備《じゅんび》がはじまります。

五月のさわやかな青空は「五月《さつき》晴《ば》れ」といわれますが、旧暦《きゅうれき》の五月はちょうど梅雨《つゆ》のころなので、昔の「五月《さつき》晴《ば》れ」とは、梅雨《つゆ》の中でめずらしく晴れた日のことでした。

八十八夜《や》

二十四節気《せっき》のはじまりである立春《りっしゅん》（今の二月四日ころ）から数えて八十八日目にあたり、今の五月二日ころです。「茶つみ」という歌には、

♪夏もちかづく八十八夜《や》……♪

と歌われています。この日の三日後が「立夏《りっか》」なので、意味がわかりますね。このころまでは気温が低く、霜《しも》が降《お》り、茶葉の芽《め》をいためてしまうことがあるので、この後からお茶の葉をつみはじめました。

葵祭《あおいまつり》

五月十五日に京都で行われます。上賀茂《かみがも》神社と下鴨《しもがも》神社の祭礼で、葵《あおい》の葉を身につけることから、葵《あおい》祭とよばれています。その行列の美しさは、平安《へいあん》時代から有名です。

全国にお祭りは数えきれないほどありますが、「祭り」といえば「葵《あおい》祭」のことです。京都は千百年のあいだ、日本の首都でしたから、日本一の祭りだったのですね。

母の日

五月の第二日曜日です。お母さんに日ごろの感謝《かんしゃ》をこめて、赤いカーネーションをおくります。

みなさんもお母さんへ「ありがとう」の気持ちを伝《つた》えましょう。

お菓《か》子《し》

柏餅《かしわもち》

こしあん、またはみそあんを餅《もち》で巻《ま》いて蒸《む》し、柏《かしわ》の葉で包《つつ》んだものです。

ちまき

ちがやや笹《ささ》の葉で巻《ま》いて、蒸《む》して作るお菓子《かし》です。わらび粉《こ》や米《こめ》粉《こ》に砂糖《さとう》を加えて蒸《む》した「外郎《ういろう》」、羊羹《ようかん》、葛《くず》などで作るもので、地方ごとに形もさまざまです。

中国では五月五日に亡《な》くなった、屈原《くつげん》という政治家《せいじか》・詩人をいたんでお供《そな》えしたたしたのがはじまりといわれています。

唐衣《からころも》

杜若《かきつばた》の花を表したお菓子《かし》です。今から約《やく》千年前に書かれた『伊勢《いせ》物語』の有名な歌にちなんでいます。

唐衣《からころも》
着《き》つつなれにし
妻《つま》しあれば
はるばる来ぬる
旅《たび》をしぞ思う

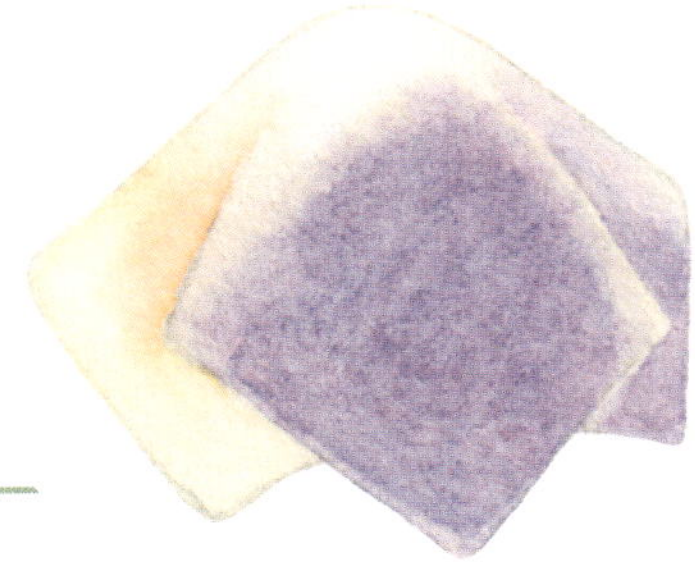

この歌の中に「か・き・つ・は・た」が見つかりましたか？　五つの句（五・七・五・七・七）に分けて、五つの頭文字をつなげてみて下さい。「唐衣《からころも》」は、中国の美しい着物のことです。

落とし文《ぶみ》

目には青葉
山ほととぎす
初《はつ》がつお

という俳句《はいく》をしっていますか？　木々の青葉が美しく、ホトトギスの鳴き声が印象的《いんしょうてき》で、カツオやサバが美味しい時季《じき》です。ちょうどこのころ、木の葉を巻《ま》いて、その中に住む虫がいます。「ホトトギスの落とし文《ぶみ》」という、美しい名前がついています。このお菓子《かし》はその形を模《も》しています。

青楓《あおかえで》・滝《たき》

二種類《しゅるい》の干菓子《ひがし》です。二つをならべると、力強い滝《たき》の横で、楓《かえで》の葉が美しくぬれている、日本画のように見えてきませんか？

牡丹《ぼたん》・芍薬《しゃくやく》

牡丹《ぼたん》は中国では「花王」といわれるほど、大きく美しい花です。芍薬《しゃくやく》も牡丹《ぼたん》に似《に》た美しい花を咲《さ》かせます。芍薬《しゃくやく》が「花の宰相《さいしょう》」（総理大臣《そうりだいじん》）といわれるのは、「花王」の次に立派《りっぱ》という意味です。おもしろい表現《ひょうげん》ですね。

世界三大美人の一人ともいわれる中国の楊貴妃《ようきひ》は、「立てば芍薬《しゃくやく》、すわれば牡丹《ぼたん》、歩くすがたは百合《ゆり》の花」と、そのすがたを花にたとえられました。

左：芍薬（しゃくやく）　右：牡丹（ぼたん）

蘭《らん》

蘭《らん》ときくと、南国の花というイメージをもつ人も多いです。でも日本にも野生のかわいらしい蘭《らん》があります。春蘭《しゅんらん》、紫蘭《しらん》、敦盛草《あつもりそう》などです。

中国では、梅《うめ》・竹・蘭《らん》・菊《きく》を「四君子《しくんし》」とよんできました。道《どう》徳《とく》のあるすぐれた人は、「君子《くんし》」とよばれます。それだけ気品の高い植物と考えられているんですね。

菖蒲《あやめ》・杜若《かきつばた》

葉の形がとても似《に》ていて、美しい花を咲《さ》かせるのが、アヤメ科の植物です。香《かお》りはなく、花の形がとても似《に》ているので区別がむずかしく、「いずれ（どちら）が菖《あや》蒲《め》、杜若《かきつばた》」と古くからいわれます。

菖蒲《あやめ》はかわいた地面に咲《さ》きます。花の内側にタテの細かな「アヤの目」があるので、「菖蒲《あやめ》」です。杜若《かきつばた》は水の中に咲《さ》きます。菖蒲《あやめ》の「アヤの目」のところが白色のスジになっています。

上：菖蒲（あやめ）　下：杜若（かきつばた）

文様《もんよう》や形

牡丹《ぼたん》

「花王」といわれ、とくに中国では茶碗《ちゃわん》や布など、さまざまなものにえがかれています。（82ページのイラストの唐草文様にも描かれています）

八ツ橋

杜若《かきつばた》の名所として有名な「八ツ橋」という場所がえがかれています。江戸《えど》時代に尾《お》形光琳《がたこうりん》という人がデザインしてから、多くの工芸《こうげい》品に用いられています。

京都みやげの有名なお菓子《かし》でもありますね。

葵《あおい》

葵祭《あおいまつり》にちなんで、この季節《きせつ》には葵《あおい》の文様《もんよう》が多く使われます。京都の上賀茂《かみがも》神社、下鴨《しもがも》神社の紋《もん》（マークのこと）、徳川《とくがわ》家の家紋《かもん》としても有名です。

コラム

「茶つみ」と「ずいずいずっころばし」

♪夏もちかづく八十八夜《や》　野にも山にも若葉《わかば》がしげる　あれに見えるは　茶つみじゃないか　あかねたすきに　すげの笠《かさ》♪

　このころにつんだお茶の葉は新《しん》茶《ちゃ》となり、とてもおいしいです。

　日本では緑茶《りょくちゃ》のほかに、たくさんの種類《しゅるい》の茶が飲まれています。抹茶《まっちゃ》、煎茶《せんちゃ》、玉露《ぎょくろ》、玄米茶《げんまいちゃ》、焙《ほう》じ茶、番茶、ウーロン茶、ジャスミン茶、紅茶《こうちゃ》……

　これらは全て同じ「茶」という植物の葉から作ることが出来るのを、みなさんはごぞんじでしたか。作り方がちがうだけで、色も香《かお》りも、ずいぶんかわるんですね。中国で二千年前から飲まれていたお茶が、日本に伝《つた》わったのは、千三百年前のことです。抹茶《まっちゃ》はおよそ千年前から、煎茶《せんちゃ》は四百年前から飲まれているんです。

　五月につまれたお茶は、すぐに飲む場合もありますが、抹茶《まっちゃ》は茶《ちゃ》壺《つぼ》という焼物の容器に入れて保存し、おいしくなった十一月から飲んでいます（109ページも見てね）。

　将軍《しょうぐん》が飲む、いちばん高級な抹《まっ》茶《ちゃ》が入った茶壺《ちゃつぼ》は、京都から江《え》戸《ど》まで運ばれました。こんな歌は知っていますか？

♪ずいずいずっころばし　ごまみそずい　茶壺《ちゃつぼ》に追われてトッピンシャン　ぬけたらドンドコショ♪

　この歌は、江戸《えど》に茶壺《ちゃつぼ》を運ぶための行列が家の近くにやってくると、さまざまな仕事をおしつけられるので「戸をピシャン」と閉《し》めて、家の中にかくれてしまうという歌です。

五月〔皐月《さつき》〕

	1 ち	ま	2 き		3 た	4 う	え
	や		5 し	6 く	ん	し	
7 か	つ	お		8 す	ご	ろ	く
	み		9 う	た			
		10 み	つ	ま	11 た		
	12 さ	つ	き		い		13 か
	14 は	は		15 し	よ	う	ぶ
					う		と

答え

【タテ】
1 茶《ちゃ》つみ
2 キジ
3 端午《たんご》
4 うしろ
6 薬玉《くすだま》
9 空木《うつぎ》
10 三《み》ツ葉《ば》（葵《あおい》）
11 太陽《たいよう》
12 サバ
13 カブト

【ヨコ】
1 ちまき
3 田植《たう》え
5 四君子《しくんし》
7 カツオ
8 すごろく
9 歌《うた》（う）
10 三椏《みつまた》
12 五月《さつき》（皐月）
14 母《はは》（の日）
15 菖蒲《しょうぶ》

六月

水《み》無《な》月《づき》

旧暦《きゅうれき》六月のことです。梅雨《つゆ》が終ってからきびしい暑さがつづき、「水がない月」になるから、といわれています。

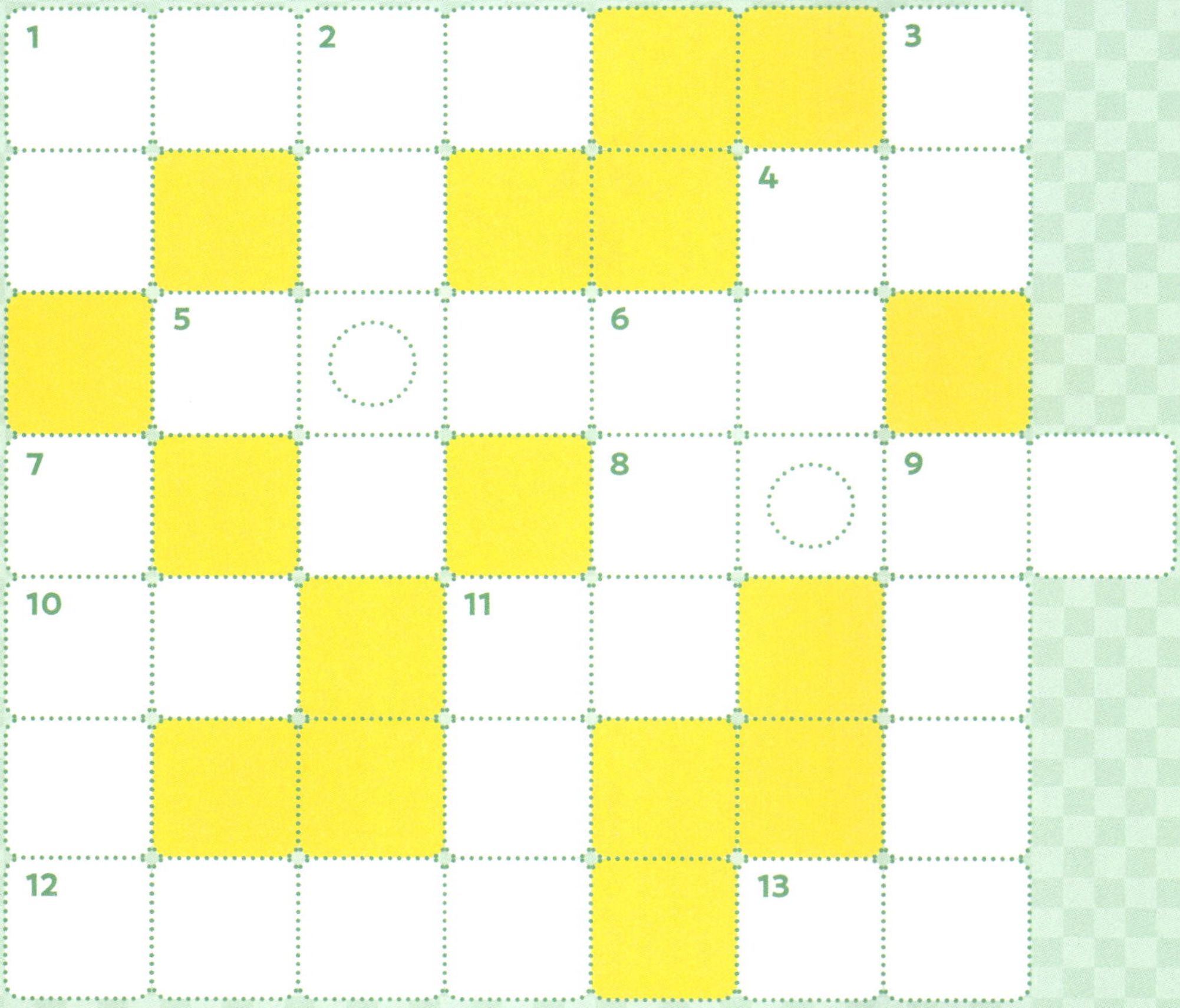

タテのカギ

1 「川魚の女王」ともいわれています。川底のコケなどを食べてそだつので、香《かお》りがあり、「香魚」とも書きます。

2 旧暦《きゅうれき》の五月に降《ふ》る雨です。「天から水が垂《た》れて」きます。

3 夏の菓子《かし》「竹流し」は、竹の「○○」の中に水羊羹《ようかん》がつめられています。

4 六月三十日は「〇〇〇のはらえ」が行われます。「茅《ち》の輪《わ》」をくぐって身を清《きよ》めます。

6 ♪オタマジャクシは〇〇〇の子……♪

7 旧暦《きゅうれき》六月のよび名。同名の三角形のお菓子《かし》もあります。

9 夏野菜《やさい》の一つ。童話「ジャックと豆の木」に出てくる野菜《やさい》ですね。

11 六月三十日は「〇〇〇の節句《せっく》」といわれました。

ヨコのカギ

1 花名。「七変化《しちへんげ》」ともいわれます。雨がよく似合《にあ》います。

4 花名。「沙羅樹《しゃらのき》」ともいわれます。「〇〇椿《つばき》」

5 夏の夜、光を放つ虫をつかまえて、入れておくものです。

8 人名。世界の発明王です。この人を代表する発明品である白《はく》熱電灯《ねつでんとう》には、京都の竹が使われていたんですよ。

10 夏野菜《やさい》の一つ。お正月の初夢《はつゆめ》にも出てきました。「秋〇〇」も美味しいですよ。

11 熱中《ねっちゅう》すること。「ゲームに〇〇」。筋肉《きんにく》が張《は》ってかたくなること。「肩《かた》が〇〇」

12 夏野菜《やさい》の一つ。インドが原産《げんさん》です。果実《かじつ》は細長く、とげのようないぼがあります。

13 木の名。六月は雨の季節《きせつ》です。「〇〇」の実《み》が青く大きくなるころの雨なので、「〇〇」の「雨」という字が使われます。

くらしの歳時記《さいじき》

芒種《ぼうしゅ》

二十四節気《せっき》（5ページを見てね）の一つで、六月五日ころです。田《た》植《う》えがはじまります。

「芒」はここでの場合、稲《いね》のことを意味しています。

梅雨《つゆ》

六月は雨が多いですね。「梅雨《つゆ》入り」という言葉をニュースできいたことはありますか？　梅《うめ》の実《み》が大きくみのり、青梅《あおうめ》になるころに降《ふ》る雨、という意味で、「梅雨《つゆ》」です。黴《かび》が生えるほど長く雨が降《ふ》るので、「黴雨《ばいう》」とも書きます。

旧暦《きゅうれき》（4ページを見てね）の五月にあたるので、このころに降《ふ》る雨を、昔は五月雨《さみだれ》とよびました。「さ」は天や神、「み」は水、「たれ」は垂《た》れる、をそれぞれ意味します。つまり五月雨《さみだれ》とは、「天から水が垂《た》れる」という意味です。

夏至《げし》

二十四節気《せっき》の一つ。六月二十一日ころです。一年のうちで、昼がいちばん長くなるのはこのころです。

夏越《なごし》のはらえ

旧暦《きゅうれき》では、四月〜六月が夏になるので、六月三十日は夏の最後《さいご》の日になります。「夏越《なごし》」には、夏を越《こ》す、夏の終わり、半年の終わり、という意味があります。半年間がんばったので、六か月のよごれをはらい、心とからだを清《きよ》めます。「大はらえ」ともいいました。

ちがやという植物で作った大きな輪《わ》（茅《ち》の輪《わ》）をくぐったり、人の形をした紙を、願《ねが》いをこめて川に流します。雛《ひな》祭りでは、流し雛《びな》の風習がありましたね（37ページを見てね）。

昔、氷は冬にしか作れない、

貴重《きちょう》なものでした。夏越《なごし》の日は、氷室《ひむろ》という場所に保存《ほぞん》しておいた氷を食べる日でもありました。だからこの日は、「氷の節句《せっく》」ともいわれました。氷が手に入らない人びとは、氷をまねした三角形のお菓子《かし》、「水無月《みなづき》」を食べました。

お菓子《かし》

【水無月《みなづき》】

六月三十日は「氷の節句《せっく》」といわれています。昔は、あたたかなこの季節《きせつ》に、氷を手に入れるのは大変なことでした。だから氷を食べることができない多くの人は、このお菓子《かし》を食べました。

三角形は氷を表しています。餅《もち》や葛《くず》などで作られ、小豆《あずき》が上に乗っています。小豆《あずき》には、祝《いわ》いの気持ちがこめられています。

【氷室《ひむろ》】

葛《くず》でできたおまんじゅうで、上部に氷を表す三角形の赤い羊羹《ようかん》が入っています。氷室《ひむろ》とは、氷を保《ほ》存《ぞん》しておく場所のことです。京都には氷室《ひむろ》神社という場所もあります。

コラム

薬玉《くすだま》

五月に登場《とうじょう》した薬玉《くすだま》でまず思い出すのは、運動会の薬玉割《くすだまわ》りゲームでしょうか。お祝《いわ》いの時などに薬玉《くすだま》を割《わ》ることもありますね。

もともと薬玉《くすだま》とは、菖蒲《しょうぶ》やよもぎなど、清《きよ》める力が強い植物を材《ざい》料《りょう》に、丸い玉を作ったものです。それを屋根の軒《のき》につるしたり、家の中につるし、その香《かお》りで悪い物が家の中に入らないようにお願《ねが》いしました。

九月になると菊《きく》を使った薬玉《くすだま》に取りかえます。

竹流し

細い竹の筒《つつ》に水羊羹《ようかん》がつめられた、夏のお菓子《かし》です。節《ふし》に穴《あな》をあけて食べるのも楽しいですよ。

青梅《あおうめ》

梅雨《つゆ》は、梅《うめ》の実《み》が大きくなるころの雨、という意味です。梅《うめ》の実《み》の形をしたお菓子《かし》で、梅雨《つゆ》の季節《きせつ》を表しています。

花

紫陽花《あじさい》

雨がいちばん似合《にあ》う花かもしれません。

土の性質《せいしつ》によって、同じ花でも咲《さ》く色がかわるので「七変化《しちへんげ》」ともいわれています。

紫陽花《あじさい》は日本以外ではほとんど見かけない、珍《めずら》しい植物だったので、ヨーロッパの人たちに人気《にんき》でした。

ボールのようにまん丸な西洋紫陽花《あじさい》は、日本に自生する紫陽花《あじさい》を、ヨーロッパで品種改良《ひんしゅかいりょう》したものです。

江戸《えど》時代の後半にシーボルトというドイツ人医師《いし》・博物《はくぶつ》学者が、大すきだった額紫陽花《がくあじさい》に、日本で結婚《けっこん》したおくさんである「お滝《たき》さん」の名前をつけたことは有名です。

夏椿《なつつばき》

ツバキ科です。幹《みき》のはだはなめらかで、猿滑《さるすべ》りに似《に》ています。花は白く清《きよ》らかですが、たった一日で散《ち》ってしまいます。娑羅樹《しゃらのき》ともいわれます。

蛍袋《ほたるぶくろ》

キキョウ科です。お寺などで打って鳴らすつり鐘《がね》の形をした、うす紫《むらさき》色の花を下向きに咲《さ》かせます。「蛍《ほたる》」は提《ちょう》灯《ちん》という意味だそうです。

文様《もんよう》や形

三角形

日本だけでなく、世界共通の文《もん》様《よう》です。「水」につながるものがイメージされています。氷・雷《かみなり》・魚・ヘビ・リュウなどです。

　水無《みな》月《づき》や氷室《ひむろ》といったお菓子《かし》も、氷を表したデザインですね。

笠《かさ》・傘《かさ》

雨の季節《きせつ》に欠《か》かせないのが傘《かさ》ですね。今のように開閉《かいへい》が自由な傘《かさ》は、桃山《ももやま》時代に海外から伝《つた》わったそうです。一般に使われるようになったのは、江戸《えど》時代の中ごろからだそうです。それ以前は「かぶり笠《がさ》」でした。

　笠《かさ》と傘《かさ》は、ともに着物の文様《もんよう》です。

左：傘紋（かさもん）　右：笠紋（かさもん）

1 あ	じ	2 さ	い			3 つ	
ゆ		み			4 な	つ	
	5 ほ	た	る	6 か	ご		
7 み		れ		8 え	し	9 そ	ん
10 な	す		11 こ	る		ら	
づ			お			ま	
12 き	ゆ	う	り		13 う	め	

答え

【タテ】

1 アユ　2 五月雨《さみだれ》

3 筒《つつ》　4 夏越《なごし》

6 カエル　7 水無月《みなづき》

9 ソラマメ　11 氷《こおり》（の節句《せっく》）

【ヨコ】

1 紫陽花《あじさい》　4 夏《なつ》（椿《つばき》）

5 蛍《ほたる》かご　8 エジソン

10 （秋）ナス　11 凝《こ》る

12 キュウリ　13 梅《うめ》

七月

文《ふみ》月《つき》

旧暦《きゅうれき》七月のことです。五月ごろに田植《たう》えをし、七月は稲《いね》の穂《ほ》に実《み》がつきはじめるころなので、穂《ほ》含月《ふみつき》となり、それが「ふみつき」と略《りゃく》されるようになった、といわれます。あるいは、七夕《たなばた》の日に、和歌を手紙に書いておたがいに送りあう、貴族《きぞく》の風習があり、このことにちなんで、「文月」になったとも考えられています。

タテのカギ

1 一年に四回、約《やく》十八日間ずつあるのですが、今は夏の「○○○」が、とくにしられています。

2 「星祭り」ともよばれます。七月七日の夜、一年に一回だけ、一組の男女が出会います。

3 花名。白い花は、本当に鳥が飛んでいるように見えます。

6 菓子名。葛《くず》で作られた夏のお菓子《かし》です。水の中に花が咲《さ》いているようで、とてもあざやかです。

8 二十四節気《せっき》の一つ。暑中見舞《みま》いのハガキなどを、書きはじめるころです。

10 海辺《うみべ》や川辺《かわべ》で強い風がふくと「○○○○」が立つことがあります。

11 「凪」は何と読みますか？　漢字の通り、「風」が「止」まった状態《じょうたい》です。

ヨコのカギ

2 二十四節気《せっき》の一つ。油ゼミがうるさいころです。

3 短冊《たんざく》に願《ねが》いを書いて「○○」につるします。♪○○の葉さらさら　軒端《のきば》にゆれて　お星さまきらきら……♪

4 夏ばてにそなえて「○○○」を食べます。調理の仕方に、関《かん》東《とう》風と関西《かんさい》風で、ちがいがあります。

5 「春は花見」、「夏は○○○」といわれます。

7 タテの①の日は十八日ありますが、中でも「○○の日」にヨコ④を食べるようになったのは、江戸《えど》時代の中ごろからのようです。

9 花名。長いクキに白い花がフサのようにつきます。橋の柱の先についたかざりに似《に》ていることが、その名の由来です。

12 日本三大祭りの一つ。「○○○祭」。千百年以上、京都で行われています。

13 花名。思わず「なで」てしまいたくなる、かわいらしい花です。「常夏《とこなつ》」ともいわれました。

くらしの歳時記《さいじき》

小暑《しょうしょ》

二十四節気《せっき》（5ページを見てね）の一つ。七月七日ころです。

このころには梅雨《つゆ》が明け、すこしずつ暑くなってきます。

季節《きせつ》のかわり目には、大切な人が元気にすごしているかを思いやり、あいさつをしたり、手紙を書いたりします。みなさんも小暑《しょうしょ》と大暑《たいしょ》のころに、「暑中見舞《みま》い」のハガキを書いてみましょう。

大暑《たいしょ》

二十四節気《せっき》の一つ。七月二十三日ころです。

毎日とても暑い日がつづき、油ゼミ、熊《くま》ゼミ、ミンミンゼミなどのセミの鳴き声が耳にうるさくきこえるころです。

七夕《たなばた》

旧暦《きゅうれき》（4ページを見てね）の七月七日の行事で、星祭りともいい、笹《ささ》をかざります（83ページを見てね）。

♪笹《ささ》の葉さらさら　軒端《のきば》にゆれる
お星さまきらきら　金銀砂子《きんぎんすなご》…♪

この日は、「五節句《せっく》」の一つです。五節句《せっく》とは、一月七日、三月三日、五月五日、七月七日、九月九日、の五日のことです。

昔、中国では奇数《きすう》は強い数、偶《ぐう》

数《すう》は弱い数だとされていました（27ページを見てね）。そして強い数が重なる日は、病気などにならないように気をつけましょうという意味で、身を清《きよ》めました。それが「節句《せっく》」です。それぞれの行事が日本に伝《つた》わり、江戸《えど》時代になると、その中の五日をとくに選《えら》んで「五節句《せっく》」とし、将軍《しょうぐん》にお祝《いわ》いをいう日になったのです。

だから五節句《せっく》の日には、旬《しゅん》の植物を食べたり、かざったりして、心と体を清《きよ》めます。

土用《どよう》のうなぎ

「土用《どよう》」は季節《きせつ》のかわり目にあたります。「土用《どよう》」は年に四回あり、春夏秋冬のあいだに、それぞれ約《やく》十八日ずつあります。

「土用《どよう》」とは、大地の土を休ませる期間、という意味です。次の季《き》節《せつ》も無事《ぶじ》にくらせるように、準備《じゅんび》する時と考えられていました。

それぞれの土用《どよう》の末日《まつじつ》が「節《せつ》分《ぶん》」で、その次の日は、立春《りっしゅん》、立《りっ》夏《か》、立秋《りっしゅう》、立冬《りっとう》になっています。

今では夏の土用《どよう》が、何といっても有名です。季節《きせつ》のかわり目には体調をくずしたり、元気が出ない人も多く、土用《どよう》の「丑《うし》の日」にはうなぎを食べて、夏ばてしないようにします。

コラム　夏野菜《やさい》

今は野菜《やさい》を一年中食べることができるようになり、とてもありがたいのですが、季節《きせつ》感が少なくなってしまいました。もともと夏にしか取れなかったものは、夏野《や》菜《さい》といわれています。なす・きゅうり・そらまめ・トマト・ピーマン・とうもろこしなどがおなじみですね。

夏野菜《やさい》は夏に食べると、いつもより美味しくいただけますから、ぜひ味わってみて下さい。

祇《ぎ》園《おん》祭

もともとは旧暦《きゅうれき》六月の行事でしたが、今は七月に行われています。

祇園《ぎおん》祭は全国にありますが、千百年以上前に、京都の現在《げんざい》の八《や》坂《さか》神社ではじまりました。

日本三大祭りの一つです。

夏にこわいのは伝染病《でんせんびょう》です。とくに衛生《えいせい》がよくなかった昔は、多くの人が苦しみました。「病気や災害《さいがい》がおきるのは、神さまを正しく祭らないからだ」と考えられていました。だから神さまに、病気がはやらないようにお願《ねが》いしたのがはじまりです。

「山」と「ほこ」とよばれるさまざまな形の山車《だし》が、京都のまちをめぐります。イラストは、近年復興《ふっこう》した「大船《おおふね》ほこ」です。

お菓《か》子《し》

水牡《ぼ》丹《たん》

牡丹《ぼたん》が「花王」といわれるほど人気だったことは、五月で勉強しましたね。その牡丹《ぼたん》が、まるで水の中に咲《さ》いているようなイメージです。

すき通った葛《くず》に包《つつ》まれたお菓子《かし》です。夏らしくなってくるこの季《き》節《せつ》にふさわしく、すずしげです。

蓮《はす》根《ね》羹《かん》

蓮根《れんこん》をすりつぶし、羊羹《ようかん》のようにかためます。ひやすとシャリシャリとした食感が楽しく、この季節《きせつ》にうれしいお菓子《かし》です。

行《ぎょう》者《じゃ》餅《もち》

祇園《ぎおん》祭のお菓子《かし》です。山ほこが京都のまち中をめぐる七月十七日の前日（「宵山《よいやま》」といいます）だけ売られます。

サンショウをまぜたみそあんとお餅《もち》が、小麦粉《こ》を焼《や》いたクレープのような皮に包《つつ》まれています。すっきりとした風味《ふうみ》で、じめじめ

した暑さをわすれさせてくれます。

調布《ちょうふ》

餅米粉《もちごめこ》に水と砂《さ》糖《とう》を加えて作った「ぎゅうひ」を、焼《や》いた皮でまいたものです。

魚の鮎《あゆ》の形の皮に、焼印《やきいん》がおされていて、「若鮎《わかあゆ》」という名前で売っている店もあります。

花

蓮《はす》

夏の朝、蓮《はす》の花がポンと開くのを待つことを「蓮《はす》見」といいます。

「春は花見」「夏は蓮《はす》見」「秋は月見」「冬は雪見」といわれ、それぞれの季《き》節《せつ》に、それぞれの風《ふ》情《ぜい》があります。

朝顔《あさがお》

現在《げんざい》の朝顔《あさがお》は平安時代の終りころ、中国から伝《つた》えられたとされています。江戸《えど》時代には種類《しゅるい》がふえて、朝顔《あさがお》市も行われるようになりました。

豊臣秀吉《とよとみひでよし》の茶道の先生だった千《せん》利休《りきゅう》の庭は、とても美しい朝顔《あさがお》がたくさん咲《さ》いているので有名でした。そこで秀吉《ひでよし》がお茶を飲みに行くと、庭に朝顔《あさがお》はありません。がっかりしながら茶室に入ると、その中に一輪《りん》だけ、朝顔《あさがお》がいけてあり、秀吉《ひでよし》はその美しさに感動したというエピソードはとても有名です。

木槿《むくげ》

昔はこの花も朝顔《あさがお》とよばれたころがありました。
平安《へいあん》時代初《はじ》めに、大陸《たいりく》から伝《つた》えられたようです。韓国《かんこく》の国花でもあります。

撫子《なでしこ》

秋の七草の一つに数えられているかわいらしい花です。その名の通り、小さな子どものように「なで」てあげたくなりますね。「常夏《とこなつ》」という古いよび名をもっています。

母の日におくるカーネーションも、同じなかまです。似《に》ているので、くらべてみて下さい。

下：鷺草（さぎそう）　上：撫子（なでしこ）

鷺草《さぎそう》

ラン科の植物です。咲《さ》いた白花のすがたは美しく、白鷺《しろさぎ》が飛んでいるように見えることから、この名前がつきました。

擬宝珠《ぎぼうし》

キジカクシ科です。葉の形や色、大きさはさまざまで、どれも美しいです。長いクキに白い花を、フサのようにつけます。

橋の柱の先についている「擬宝《ぎぼう》珠《し》」というかざりに似《に》ているため、この名がついたそうです。

文様《もんよう》や形

【雷文《らいもん》】

夏の空に入道雲《にゅうどうぐも》（積乱雲《せきらんうん》）が生じると、よく雷《かみなり》が鳴ります。

古代中国でもよく使われていた文様《もんよう》です。四角い形で、うずまきのような文様《もんよう》を、くり返して使います。

イラストは、この雷文《らいもん》をあしらった「水指《みずさし》」という、水を入れる茶道具です。雷文《らいもん》があしらってあるので、清《きよ》められた水が入っているという意味があります。

【雷神《らいじん》】

雲の上にいて、節分《せつぶん》の鬼《おに》と同じように角があり、ふんどし（パンツ）をしめ、タイコを打ち鳴らします。雷《かみなり》をとどろかせるので、鳴《なる》神《かみ》ともよばれます。

京都の北野天満宮《てんまんぐう》に祭られている天神《てんじん》さま（菅原道真《すがわらみちざね》）の家来《けらい》だそうですよ（23ページを見てね）。京都の上賀茂《かみがも》神社の神さまも、この雷神《らいじん》です。

神社のおはらいで使われたり、注連縄《しめなわ》や鏡餅《かがみもち》に使われる、白い紙で作った「紙垂《しで》」も、雷《かみなり》を表しているとされます（12ページのイラストを見てね）。

			1 ど				
2 た	い	し	よ		3 さ	さ	
な			4 う	な	ぎ		
5 は	す	6 み			そ		
た		ず			7 う	8 し	
	9 ぎ	ぼ	う	10 し		よ	
11 な		た		ら		う	
12 ぎ	お	ん		13 な	で	し	こ
				み		よ	

答え

【タテ】

1 土用《どよう》
2 七夕《たなばた》
3 鷺草《さぎそう》
6 水牡丹《みずぼたん》
8 小暑《しょうしょ》
10 白波《しらなみ》
11 凪《なぎ》

【ヨコ】

2 大暑《たいしょ》
3 笹《ささ》
4 うなぎ
5 蓮見《はすみ》
7 丑《うし》
9 擬宝珠《ぎぼうし》
12 祇園《ぎおん》（祭）
13 撫子《なでしこ》

八月

葉月《はづき》

旧暦《きゅうれき》八月のことです。木の葉が落ちるころなので「葉落月」。それを略《りゃく》して葉月《はづき》となったといわれるほか、さまざまな説明《せつめい》があります。

タテのカギ

1 夏の夜には、全国で「○○○大会」が行われます。お盆《ぼん》休みにふるさとに帰ってくる人も多く、送り火の行事としても行われています。

2 花名。夏の朝、地面にふすように、アイ色の小さな花を咲《さ》かせます。

3 高校野球の全国大会の会場は、「○○○園球場」という名でしられています。球場が作られた年の干支《えと》にちなんだ名前です。

5 初秋の朝に咲《さ》く芙蓉《ふよう》は、大きく美しい花です。「○○山」はその美しさから「芙蓉峰《ふようほう》」ともいわれます。

8 お盆《ぼん》では、家にご先祖《せんぞ》さまのたましいをむかえるだけでなく、家族みんなで「○○○○○」をして、手を合わせます。

9 秋田県の有名な夏祭り。ロウソクに火がともった夜は、とくに美しくなります。「○○○○まつり」

10 屋根の軒先《のきさき》につるして、風に吹かれる音を楽しみます。金属《きんぞく》や陶器《とうき》、ガラスなどで作られます。

11 八月十五日は終戦記念日《しゅうせんきねんび》です。「○○○○」と長崎には原子爆弾《げんしばくだん》が投下される、とても悲しい出来事がありました。

ヨコのカギ

1 旧暦《きゅうれき》八月のこと。木の葉が落ちるころ、という意味だといわれます。

3 菓《か》子《し》名。すき通って黄みがかった色が、化石の一種《しゅ》である「○○○」を思わせ、名前になっています。

4 温泉《おんせん》大国の日本ですが、海岸で砂の中に身をうめて体を温める方法もあるんですよ。鹿児島県の指宿温泉《いぶすきおんせん》が有名です。

5 果実名。原産は中央アジアです。お酒の「ワイン」は「○○○」から作られます。さまざまな工芸《こうげい》にデザインされています。

6 虫の名。セミの一種《しゅ》です。夜明けや夕暮《ゆうぐ》れ時に、カナカナと鳴きます。

7 日本昔話の「桃太郎《ももたろう》」では、おじいさんは山へ「○○かり」に、おばあさんは川へ洗たくに出かけますね。

12 花名。その実《み》は「パッションフルーツ」といわれ、ジュースにもなります。「○○○草《そう》」

13 二十四節気《せっき》の一つ。八月七日ころです。新しい半年のはじまりでもあります。

くらしの歳時記《さいじき》

八朔《はっさく》

毎月一日を朔日《さくじつ》とよびます。だから八月一日は、八月の朔日《さくじつ》で「八朔《はっさく》」です。

昔はこの日に、田の作物（田《た》の実《み》）がたくさんとれるように、お祝《いわ》いをしていました。この「田の実《み》の節句《せっく》」が、おくり物をしたり、お願《ねが》いをしたりする「頼《たの》みの節《せっ》句《く》」へとかわりました。

江戸《えど》時代ではとても大切な日でしたし、今でも、お世話《せわ》になっている人に、「お中元《ちゅうげん》」といって、あいさつやおくり物をする風習がありますよ。

立秋《りっしゅう》

二十四節気《せっき》（5ページを見てね）の一つ。八月七日ころです。

残暑《ざんしょ》きびしいころですが、少しずつ風はすずしくなり、雲の形もかわりはじめます。

このころになると、朝や夕方にはヒグラシが、カナカナと鳴きはじめます。夏が終りに近づいているのを実感しますね。

処暑《しょしょ》

二十四節気《せっき》の一つ。八月二十三日ころです。

暑さがようやく収《おさ》まるころです。夏休みもそろそろ終ってしまいます。

関西《かんさい》ではこの時期に、「地蔵盆《じぞうぼん》」という行事が各地《かくち》で行われます。町のお地蔵《じぞう》さまをお祭りし、集まったみんなでお菓子《かし》を食べたりして遊ぶ、楽しい行事です。

お盆《ぼん》

旧暦《きゅうれき》（4ページを見てね）の七月十五日の行事でしたが、現在《げんざい》ではそれよりも、七月十五日または八月十五日ころに行われることが多いようです。

私たちにはご先祖《せんぞ》さまがいます。お盆《ぼん》ではこのご先祖《せんぞ》さまの霊《れい》に感謝《かんしゃ》して、家におむかえし、供《そな》え物をしてお経《きょう》をあげます。お墓《はか》まいりをする場合もあります。

ご先祖《せんぞ》さまが家から帰るときは、送り火といって、火をたいて、

道を明るくしてあげます。京都の「五山の送り火」はとくに有名です。

盆《ぼん》おどりをしたり、花火を上げて、ご先祖《せんぞ》さまを送る地方もあります。

旧暦《きゅうれき》の十五日は毎月、満月《まんげつ》の日です。

♪出た出た月が　まるいまるいまんまるい　お盆《ぼん》のような月が♪

「お盆《ぼん》」には満月《まんげつ》という意味があるんですね。

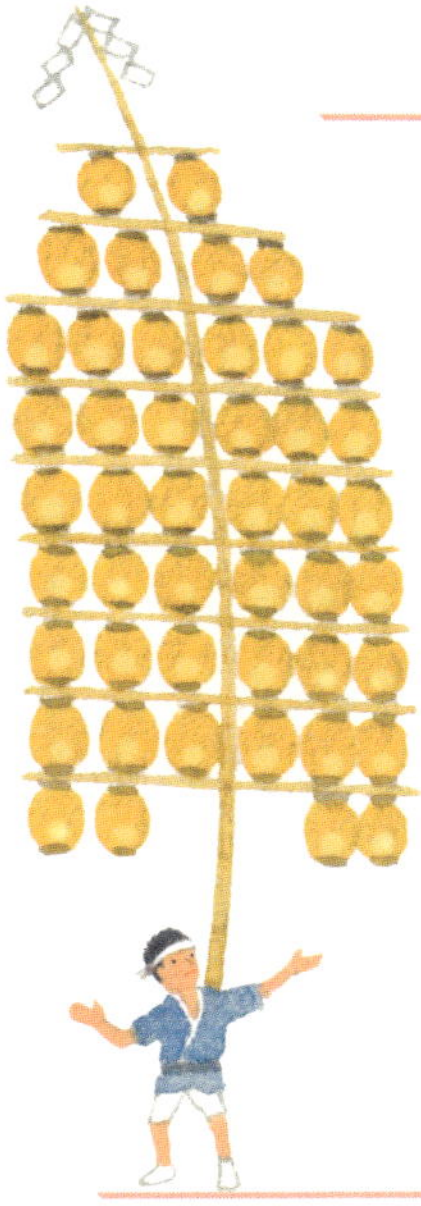

夏祭り

夏になると、全国で祭りが盛《さか》んに行われます。

病気などにかからないように身を「清《きよ》める」祭りが、各地《かくち》にさまざまな形で残《のこ》されています。

青森県の「ねぶた祭」、たくさんのちょうちんが美しい秋田県の「竿燈《かんとう》まつり」、かざりがきらびやかな宮城県の「七夕《たなばた》まつり」などが、とくに有名です。

盆《ぼん》おどりが大きくなったものとしては、徳島県の「阿波《あわ》おどり」、山形県の「花笠《はながさ》まつり」などがあります。

終戦記念日《しゅうせんきねんび》

八月十五日は、太平洋戦争《せんそう》で亡《な》くなったたくさんの人たちのことを思い出して、平和を祈《いの》る日です。

一九四五年に終ったこの戦争《せんそう》では、広島と長崎に原子爆弾《げんしばくだん》が投下され、その結果《けっか》、五十万ちかくの人々が亡《な》くなっています。

お菓子《かし》

こはく

木のやにが化石になった宝石《ほうせき》のコハクに、色が似《に》ていることにちなんだ名前です。
寒天《かんてん》を煮《に》つめて溶《と》かしたものに、砂糖《さとう》と水あめを加えてかためます。冷《ひや》して食べると、より美味しいですよ。さまざまな色のものがあり、宝石《ほうせき》のようですね。

葛焼《くずやき》

京都の夏のお菓子《かし》の代表です。夏はバイキンがふえやすいので、火であぶって作る葛焼《くずやき》は、バイキンの心配がなく、古くから夏に人気《にんき》のお菓子《かし》でした。

葛粉《くずこ》とあんをまぜて四角い形に整え、全ての面を鉄板でていねいに焼《や》きます。

岩もる水

白い葛羊羹《くずようかん》の中に、大小さまざまな緑色の羊羹《ようかん》が、まるで岩かげのように入れてあります。

岩についたコケのあいだを水が流れているように見え、すずしげです。

瓢《ひさご》と団扇《うちわ》

瓢《ひさご》は「瓢箪《ひょうたん》」ともいい、夏に大きくみのります。葉や枝《えだ》は夏の強い日差《ひざ》しをやわらげてくれる「緑のカーテン」にもなります。

風にゆれる瓢箪《ひょうたん》と団扇《うちわ》を組み合わせると、まるで暑中の涼風《りょうふう》が感じられるようです。

花

【露草《つゆくさ》】

アイ色の小さな花が、地面にふすように咲《さ》きます。

この花から取り出した青色の絵の具は、昔から染《そ》め物に使われてきました。

【芙蓉《ふよう》】

うっすらとした紅《べに》色または白色の、大きく美しい一日花です。芙蓉《ふよう》のように大きくて美しいという意味で、富士《ふじ》山は「芙蓉峰《ふようほう》」ともよばれます。

【時計草《とけいそう》】

ブラジルなどの中南米が原産《げんさん》の植物です。その名の通り、花のすがたはまさに時計の文字盤《もじばん》のようですね。

実《み》はジュースの材料《ざいりょう》になるパッションフルーツですから、花はパッションフラワーともいわれています。

文様《もんよう》や形

ブドウと唐草文様《からくさもんよう》

ブドウは、中央アジアが原産《げんさん》です。ツルには巻《ま》きひげが出て、かべなどを力強くよじのぼります。

中東からギリシア・ローマに伝《つた》わると、キリスト教に関《かか》わりのある文様《もんよう》として用いられました。

ワインの元になるブドウは、建《けん》築《ちく》や絵画などにも、広くデザインされています。ギリシアの文化がアジアにもたらされると、千八百年前ごろには中国に、このデザインが伝《つた》わりました。

日本に伝《つた》わると、唐草文様《からくさもんよう》といわれ、織《お》り物や染《そ》め物、蒔絵《まきえ》や焼《や》き物など、たくさんの工芸《こうげい》に用いられるようになりました。

夕顔《ゆうがお》

ウリ科の植物で、花は夕方にひらいて朝にはしぼみます。すずしげなすがたから、夏のデザインとして愛《あい》されています。実《み》は瓢《ひさご》といって、器《うつわ》としても使われます。細くけずって干《ほ》すと、食用の干《かん》瓢《ぴょう》になります。

名前は似《に》ていますが、朝顔《あさがお》とはちがう植物です。

コラム

旧暦《きゅうれき》の七夕《たなばた》

七月七日の夜、天の川をはさんで、ウシを育てる青年の牽牛《けんぎゅう》（ヒコボシ）と、天人の織女《しょくじょ》（オリヒメボシ）が一年に一回だけ出会えるという伝説《でんせつ》が、中国にありました。

この伝説《でんせつ》から、乞巧奠《きこうでん》といわれる祭りも生まれました。手芸《しゅげい》がもっと上手になるように、オリヒメボシに祈《いの》るものです。布を織《お》ることや習字、歌などが上達《じょうたつ》するようにと願《ねが》いをこめた糸や、願《ねが》いごとを書いた短冊《たんざく》を、笹《ささ》や竹に結《むす》んでかざりました。それが日本に伝《つた》わると、江戸《えど》時代には寺子屋《てらこや》とよばれる学校のおかげで、字を書ける人が増《ふ》えていたので、この風習は全国に広がりました。

でも「たなばた」とは、どういう意味なのでしょうか？「七夕」をどうして「たなばた」と読むのでしょう？

これは日本の古い風習からきています。山の上など高いところに木の台（棚《たな》といいました）を作り、その上で、神さまに供《そな》えるための機織《はたお》りをしました。「機織《はたお》り」とは布を作ることで、棚《たな》で機《はた》を織《お》るので「棚機《たなばた》」といわれました。それが七月七日の夕方と重なって、七夕を「たなばた」と読むようになりました。

今も東京などでは七夕《たなばた》祭りを七月七日に行いますが、七月七日は雨がふる年が多く、天の川が雨雲にかくれてしまいがちです。ひと月遅《おく》れの八月七日や、旧暦《きゅうれき》七月七日に七夕《たなばた》祭りをしている所も多いようです。

	1 は	2 つ	き			3 こ	は	く
4 す	な	ゆ		5 ふ	ど	う		
	6 ひ	く	ら	し		7 し	8 は	
		さ			9 か		か	
	10 ふ		11 ひ		ん		ま	
	う		ろ		12 と	け	い	
	13 り	つ	し	ゆ	う		り	
	ん		ま					

答え

【タテ】
1 花火《はなび》
2 露草《つゆくさ》
3 甲子《こうし》（園）
5 富士《ふじ》（山）
8 墓《はか》まいり
9 竿燈《かんとう》
10 風鈴《ふうりん》
11 広島《ひろしま》

【ヨコ】
1 葉月《はづき》
3 こはく
4 砂湯《すなゆ》
5 ブドウ
6 ヒグラシ
7 柴《しば》（かり）
12 時計《とけい》（草《そう》）
13 立秋《りっしゅう》

九月

長《なが》月《つき》

旧暦《きゅうれき》九月のことです。「夜長月《よながつき》」の略《りゃく》といわれています。

じっさいに夜がいちばん長くなるのは冬《とう》至《じ》（十二月二十日ころ）です。それでも、夏にくらべると、夜が長くなっているのが実感できるころです。

タテのカギ

1 お月さまに供《そな》えるのに欠《か》かせません。昔は屋根をふく材料《ざいりょう》としても使われました。

3 旧暦《きゅうれき》八月十五日の月です。一年でもっとも美しいといわれるものです。「中秋《ちゅうしゅう》の○○○○」ともいわれます。

4 幸せのシンボルの一つです。「○○○のクローバー」。

6 旧暦《きゅうれき》九月九日は重陽《ちょうよう》の節句《せっく》といわれますが、このころ咲《さ》く花の名で「○○の節句《せっく》」ともいわれます。

9 秋になるとあぶらがのって、魚がより美味しくなります。とくにサンマ、サバ、「○○○」などがしられています。

10 消防《しょうぼう》車や救急《きゅうきゅう》車など、急いで走らないといけない車は「〇〇〇〇〇自動車」といわれます。

11 立春《りっしゅん》から数えて「二百十日」や「二百二十日」といわれるころは、「〇〇〇〇」がとくに多く日本にやってきます。

12 九月二十三日は「秋の〇〇〇の中日《ちゅうにち》」です。ご先祖《せんぞ》さまを敬《うやま》い、しのんで、お墓《はか》まいりをします。「お萩《はぎ》」を作って供《そな》えます。

13 秋の七草の一つである萩《はぎ》が散《ち》ることを、とくに「〇〇〇る」といいます。お菓子《かし》にも「〇〇〇萩《はぎ》」という名のものがあります。

14 屋根などがなく、日の光が差《さ》しこみ、雨があたる地面です。

家のあいだのせまい道や、茶道の庭のこともいいます。

ヨコのカギ

2 かり入れが終った稲《いね》に集るのが「〇〇〇」。鳴子《なるこ》の音で追いはらいます。

5 月が出る時間は、毎日五十分ほど遅《おそ》くなります。満月《まんげつ》の次の日は十六夜《いざよい》、次の日は立待月《たちまちづき》、さらにその次の日は「〇〇〇〇〇」と名前がかわっていきます。

7 二十四節気《せっき》の一つ。九月七日ころです。草が朝露《あさつゆ》にぬれるころです。

8 旧暦《きゅうれき》九月のこと。「夜長月」が略《りゃく》されました。

11 つま先が二つに分かれたはき物です。「足袋」は何と読みますか？

13 虫の名。秋の夜長を楽しくしてくれるのが虫の音《ね》です。「〇〇〇〇」はリリリリと鳴き、秋の虫の代表です。

15 栗《くり》ひろいをしたことがありますか？　とげがいっぱいついた「〇〇」をむくと、中から栗《くり》が出てきます。

16 二十四節気《せっき》の一つ。九月二十三日ころです。昼と夜の長さがほぼ等しくなります。

くらしの歳時記《さいじき》

虫の音《ね》

秋の長い夜を楽しませてくれるのが、美しい月と虫の音《ね》です。その代表がコオロギで、秋に鳴く虫はすべてコオロギとよばれました。今では他にもマツムシ、スズムシ、クツワムシなどが、さまざまな音色をかなでてくれます。

コオロギはリリリリ、マツムシはチンチロリン、スズムシはリンリンリンと鳴きます。どの虫が鳴いているのか、耳をすましてみて下さい。

白露《はくろ》

二十四節気《せっき》（5ページを見てね）の一つです。九月七日ころです。

朝はだいぶすずしくなり、野草の表面には水のしずくがつきはじめます。このしずくは、水蒸気《すいじょうき》がひえて水になったもので、このことを「露《つゆ》がおりる」といったりします。

中国では古くから、四季《しき》を色で表現《ひょうげん》してきました。春は青、夏は朱《しゅ》（赤）、秋は白、冬は玄《くろ》（黒）です。

だから白露《はくろ》とは、秋の野草につく水のしずく、という意味なんですね。

秋分《しゅうぶん》

二十四節気《せっき》の一つです。九月二十三日ころです。

祝日《しゅくじつ》の秋分《しゅうぶん》の日は、「彼岸《ひがん》の中日《ちゅうにち》」でもあります。春分《しゅんぶん》の日も「彼岸《ひがん》の中日《ちゅうにち》」でしたね。春分《しゅんぶん》と同じように、昼と夜の長さがほぼ等しくなります。

春分《しゅんぶん》の日と秋分《しゅうぶん》の日は、太陽が真西に沈《しず》みます。「彼岸《ひがん》」という仏《ほとけ》の世界が西にあると考えられていますので、この日はご先祖《せんぞ》さまを敬《うやま》い、しのぶ日です。

また、このころは立春《りっしゅん》から数えて「二百十日」「二百二十日」といわれていて、台風がとくに多く日本に近づきます。

重陽《ちょうよう》の節句《せっく》

五節句《せっく》の一つです。旧暦《きゅうれき》（4ページを見てね）の九月九日です。菊《きく》の節句《せっく》ともいわれています。

陽の数字（奇数《きすう》）と陰《いん》の数字（偶《ぐう》数《すう》）があるのは勉強しましたね（27ページを見てね）。陽の数字でいちばん大事にされてきた「九」が重なる日なので、九月九日はとくに「重陽《ちょうよう》」といわれます。

この時期に咲《さ》く菊《きく》は、長生きの力をさずけてくれると信《しん》じられていて、お酒に菊《きく》の花をうかべて、この日を楽しみました。

中秋《ちゅうしゅう》の名月

旧暦《きゅうれき》八月十五日の月です。

旧暦《きゅうれき》では、毎月十五日は「十五夜《や》」といって、満月《まんげつ》になります。七、八、九月が秋ですから、七月は「初秋《しょしゅう》」、八月は「中秋《ちゅうしゅう》」、九月は「晩秋《ばんしゅう》」といいます。

この日の満月《まんげつ》は一年のうちもっとも美しいといわれています。古くから、「名月」とだけいえば、この日の月のことで、

月々に月見る月は多けれど
月見る月はこの月の月

という和歌があるほどです。

芒《すすき》や萩《はぎ》などの植物、おだんご、豆や芋《いも》などをお月さまに供《そな》えます。

お菓子《かし》

こぼれ萩《はぎ》

萩《はぎ》の花が散《ち》ることを、とくに「こぼれる」といいました。

萩《はぎ》の葉の形をイメージした緑色の餅《もち》に、萩《はぎ》の花がこぼれているすがたを表現《ひょうげん》しています。

お萩《はぎ》

餅米《もちごめ》をたき、軽くついて餅《もち》のようにねばり気がでたものに、あんをつけます。お彼岸《ひがん》のころに作り、ご先祖《せんぞ》さまに供《そな》えます。

同じものですが、春は「牡丹《ぼた》餅《もち》」に名前がかわりますね。

着せ綿《わた》

旧暦《きゅうれき》九月九日に食されてきたお菓子《かし》です。

平安《へいあん》時代からつづく行事にちなんでいます。節句《せっく》の前夜に、菊《きく》の花に綿《わた》をうすくかぶせると、夜露《よつゆ》がおり、菊《きく》の香《かお》りが綿《わた》にうつります。その綿《わた》を体にあてて、長生きできるように願《ねが》いました。

菊《きく》の花の上にのせた綿《わた》を、白いそぼろで表しています。

雀《すずめ》と鳴子《なるこ》

稲《いね》のかり入れが行われるころ、雀《すずめ》が飛んできて、稲《いね》をつまみ食いしてしまいます。その雀《すずめ》を追いはらうために音をさせる道具が、鳴《なる》子《こ》です。小さな板に竹管《たけくだ》を糸でかけ、縄《なわ》で田んぼにめぐらします。その縄《なわ》を引くと、いっせいに音が鳴りだします。

今ではじっさいに見ることはへってしまいましたが、お菓子《かし》を通してその光景《こうけい》をイメージしてみるのは楽しいですね。

花

萩《はぎ》

草かんむりの下に「秋」なので、まさに秋の植物ですね。

花は紅紫《べにむらさき》色か白色で、チョウに似《に》たかわいい花びらが、フサのようにつきます。

奈良《なら》時代から和歌にもっとも多く詠《よ》まれている花で、日本人にいちばん愛《あい》された花ともいえます。

九月（長月_{ながつき}）

［芒_{すすき}］

秋の七草の一つで、しっぽのように見えることから、「尾花_{おばな}」ともよばれています。土手や荒地_{あれち}などに大きな群れを作ります。昔は家の屋根を、草木でおおっていました。芒_{すすき}はその材料_{ざいりょう}としても用いられました。

［藤袴_{ふじばかま}］

秋の七草の一つです。クキの先にうす紅色_{べに}か紫色_{むらさき}の細かい花を、フサのようにつけます。

香_かりがよく、香草_{こうそう}ともいわれます。アララギという名前もあります。

文様_{もんよう}や形

［菊_{きく}］

浜菊_{はまぎく}や野路菊_{のじぎく}など、菊にはたくさんの種類_{しゅるい}があります。

菊の紋_{もん}といえば皇室の紋章_{こうしつ}を思い出す人も多いでしょう。鎌倉時_{かまくら}代の後鳥羽天皇_{ごとばてんのう}が使いはじめたともいわれますが、皇室_{こうしつ}で正式に使われはじめたのは、じつは明治_{めいじ}になってからです。

［雁_{かり}］

秋になると、シベリアなどの北方から、わたり鳥が日本へやってきて、冬を日本ですごすと、また北方へと帰ります。

雁_{かり}は鴨_{かも}より大きく白鳥_{はくちょう}より小さいわたり鳥のことで、秋のデザインとして人気_{にんき}です。その年はじめてやってくる雁_{かり}のことを「初雁_{はつかり}」といい、お菓子_{かし}の名前にもなっています。

コラム

月の話

月は、じつは晴れていればほぼ毎日見ることができます。ただし、見えない日が一日だけあります。それが、旧暦《きゅうれき》の毎月一日（朔《さく》日《じつ》）です。

　月の出は、毎日五十分ほど遅《おく》れていきます。二日から見えはじめ、三日は三日月《みかづき》、七日は上弦《じょうげん》（月の右半分が見えます）、十五日は十五夜《や》（満月《まんげつ》）と、毎月同じ日に同じ形になります。

　十四日の月は、日がくれるのを待つ、という意味の待宵月《まちよいづき》。十五日は日がしずんだころ出てくる望《もち》月《づき》・満月《まんげつ》。次の「十六夜」は、前夜より月の出が五十分おそくなるので、出るのをためらうという意味の「いざよい」と読みます。十七日はさらに遅《おく》れるのを立って待つので立待月《たちまちづき》。十八日は疲《つか》れてきてすわって待つから居待月《いまちづき》など、毎日名前がかわります。みんなから愛《あい》されていたことがわかり、楽しくなりますね。

　世界中の人たちが同じ月の面を見ています。日本では「ウサギが餅《もち》をついている」といわれますが、他の国ではさまざまなのですよ。月の写真を回しながら、探《さが》してみて下さい。

南ヨーロッパ　日本・中国
北ヨーロッパ　ドイツ
東ヨーロッパ　アラビア

1 す							
2 す	ず	3 め	■	■	4 よ	■	
き	■	5 い	ま	ち	(つ)	6 き	
■	■	げ	■	■	7 (は)	く	ろ
8 な	9 (か)	つ	10 き	■	■	■	
■	つ	■	ん	■	11 た	12 (ひ)	
13 こ	お	14 ろ	(き)	■	15 い	が	
ぼ	■	16 (し)	ゆ	う	(ふ)	ん	
れ			う		う		

答え

【タテ】

1 芒《すすき》
3 名月《めいげつ》
4 四《よ》ツ葉《ば》
6 菊《きく》
9 カツオ
10 緊急《きんきゅう》
11 台風《たいふう》
12 彼岸《ひがん》
13 こぼれ（萩《はぎ》）
14 露地《ろじ》

【ヨコ】

2 雀《すずめ》
5 居待月《いまちづき》
7 白露《はくろ》
8 長月《ながつき》
11 足袋《たび》
13 コオロギ
15 イガ
16 秋分《しゅうぶん》

十月

神《かん》無《な》月《づき》

旧暦《きゅうれき》十月のことです。

このころ毎年、全国の神さまが島根県の出雲大社《いずもたいしゃ》に集まって縁結《えんむす》びの話し合いをする、と古くから信《しん》じられています。そのため十月は「神が無《な》い月」となりました。その一方、出雲《いずも》地方では「神在月《かみありつき》」というそうです。

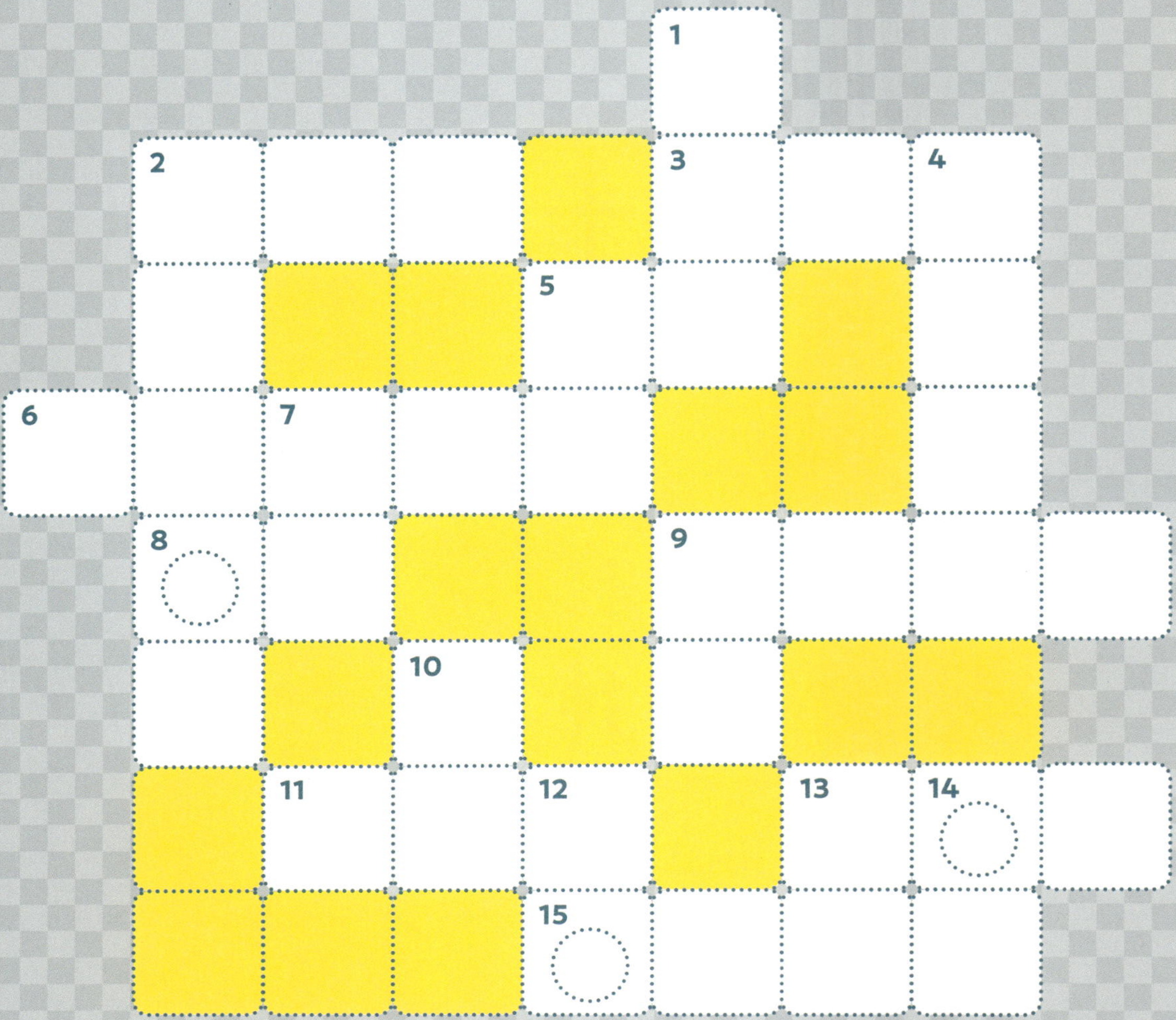

タテのカギ

1 島根《しまね》県に古くからある神社。十月になると、日本中の神さまが縁結《えんむす》びの会議《かいぎ》のため、毎年ここに集まります。「〇〇〇大社《たいしゃ》」

2 旧暦《きゅうれき》十月のこと。全国の神さまが「〇〇〇大社《たいしゃ》」（タテ①）に集まるので、他のところに神さまがいなくなってしまうのですね。

4 旧暦《きゅうれき》九月九日の前夜にする風習。このことにちなんだお菓子《かし》もあります。

5 昔は水道が少なかったので、地面をほった「〇〇」から、地下水をくんでいました。

7 木の名。昔話「サルカニ合戦」はしっていますか？ その中でカニがサルと取りかえたのは何の種《たね》ですか？　「〇〇羊羹《ようかん》」も美味しいですね。

9 旧暦《きゅうれき》九月十三日は、十三夜《や》といわれます。枝豆《えだまめ》をお供《そな》えするので「〇〇名月」ともいわれます。

10 木の名。ミカンの仲間《なかま》です。葉のつけ根にはトゲがあります。十月の終りになると青い実《み》が黄色にかわります。とても香《かお》りがよく、柚餅子《ゆべし》の材料《ざいりょう》になったり、料理《りょうり》によく使われます。

12 動物名。ロバとウマから生まれました。力もちでねばり強く、私たちの仕事を手伝《てつだ》ってくれます。

13 動物名。神さまの使いとされています。オスの鳴き声はもの悲しいです。

---

14 木の名。お菓子《かし》の材料《ざいりょう》として、世界中で愛《あい》されています。「〇〇金団《きんとん》」やモンブランなどに使われています。

ヨコのカギ

2 二十四節気《せっき》の一つ。十月八日ごろです。菊《きく》の花が咲《さ》きはじめます。

3 十月には各地《かくち》で秋祭りが行われます。京都の北野天満宮《てんまんぐう》では十月のはじめに、今年も農作物がとれたことに感謝《かんしゃ》して、「〇〇〇祭」が行われます。

5 「ヨコ③」は「里〇〇」のクキのことです。

6 植物名。十月の終りころには、紅《こう》葉《よう》があざやかです。名前の理由は、七回焼《や》いても燃《も》えないくらいかたい木だからともいわれます。

---

8 旧暦《きゅうれき》九月十三日は、十三夜《や》といわれ、「後《のち》の〇〇」ともいわれます。

9 最高級《さいこうきゅう》のきのこ。赤松《あかまつ》の地上に自生します。香《かお》りがよく、美《お》味《い》しいです。

11 キジ科の鳥の名。肉やタマゴは美味です。鳴き声をきくために飼《か》うこともありました。

13 秋の終りから冬のあいだに降《ふ》る雨のこと。
神無月《かんなづき》　ふりみふらずみ　定めなき　「〇〇〇」ぞ　冬のはじめなりける

15 その年にはじめてやってくるわたり鳥のこと。お菓子《かし》の名前にもなっています。「〇〇〇〇」

くらしの歳時記《さいじき》

【寒露《かんろ》】

二十四節気《せっき》（5ページを見てね）の一つ。十月八日ころです。

日中はまだ暑い日がありますが、朝夕は九月よりも寒くなってきます。野草にはつめたい露《つゆ》がつき、秋の深まりを思わせます。

遠い山のほうでは紅葉《もみじ》が目立ちはじめます。

菊《きく》の花が咲《さ》きはじめるころでもあります。

【霜降《そうこう》】

二十四節気《せっき》の一つ。十月二十三日ころです。桜《さくら》やつたが紅葉《こうよう》しはじめます。

早朝にはところによっては霜《しも》が降《お》りはじめます。

この時期は雨が多くなります。「時雨《しぐれ》」といい、一雨ごとに寒くなっていきます。この時雨《しぐれ》を、昔の人は秋と冬のかわり目と感じていました。

神無月《かんなづき》
ふりみふらずみ定めなき
時雨《しぐれ》ぞ
冬のはじめなりける

という歌もあります。十月になると雨が降《ふ》ったりやんだりするけれど、この時雨《しぐれ》こそが、じつは冬のはじまりだ、という意味です。

【後《のち》の月・十三夜《や》】

旧暦《きゅうれき》（4ページを見てね）の九月十三日の月のことです。九月の中秋《ちゅうしゅう》の名月が「芋《いも》名月」といわれるのに対し、「後《のち》の月」や十三夜《や》といわれるこの日は、お月さまに豆や栗《くり》をお供《そな》えするので、「豆名月」や「栗《くり》名月」ともよばれます。

日本では「十三夜《や》」の月は、「十五夜《や》」の月に次いで美しいといわれています。

【秋祭り】

農作物のとり入れが終ると、豊《ほう》作《さく》だったことに感謝《かんしゃ》をこめて、全国でさまざまな秋祭りが行われます。

たとえば京都の北野天満宮《てんまんぐう》では、秋にとれた「ずいき」などの野菜《やさい》でみこしをかざるずいき祭などがあります。

九州北部では、旧暦《きゅうれき》九月九日に合わせて行われるおくんち（「お九日」と書きます）がさかんで、長崎《ながさき》や、佐賀《さが》県の唐津《からつ》が有名です。

また京都ではこのころ、行列の身なりや祭具が美しい時代祭、大小さまざまの松明《たいまつ》がまぶしい鞍馬《くらま》の火祭なども行われます。

【ハロウィーン】

十月三十一日に行われます。

ケルトというヨーロッパの古い民族《みんぞく》の大みそかだったこともあり、ハロウィーンには、魔除《まよ》けの意味がこめられていました。大みそかに魔除《まよ》けをするのは、節分《せつぶん》の「豆まき」と同じですね。

アメリカなどではカボチャをくりぬいてランタンを作り、魔女《まじょ》やお化けになりきった子どもたちが、家々からお菓子《かし》をもらいます。

お菓子《かし》

柿羊羹《かきようかん》

柿《かき》の果肉《かにく》を加えて作った羊羹《ようかん》で、柿《かき》の甘《あま》さを楽しめます。岐《ぎ》阜《ふ》で作られる「柿羊羹《かきようかん》」が有名です。

栗金団《くりきんとん》

栗《くり》の皮をむいてすりつぶし、甘《あま》みをつけて金団《きんとん》にしています。全国のお菓子《かし》屋さんで、それぞれ工夫をこらしています。長野や岐《ぎ》阜《ふ》のものが有名です。

うずら餅《もち》

たっぷりのこしあんを餅《もち》皮でつつみ、「一」の字のように焼《や》き目をつけています。

キジ科の鳥であるウズラは、味がよく、タマゴも食します。クルクルクルという鳴き声をきくために、家で飼《か》う人もいます。丸くてぷっくりとしたすがたが、ウズラによく似《に》ています。

柚餅子《ゆべし》

みそ、クルミ、米粉《こ》に柚子《ゆず》の果《か》汁《じゅう》や皮をまぜ、蒸《む》したお菓子《かし》です。柚子《ゆず》の風味がしっかり感じられます。

【ななかまど】

花は七月に咲《さ》きます。紅葉《こうよう》が早く、十月の終りころにはあざやかな赤色になります。

かまどで七回焼《や》いても燃《も》えないほどかたい木、というおもしろい由来があります。

【葛《くず》】

花は紅紫《べにむらさき》色でチョウに似《に》ていて、フサのように咲《さ》きます。

葛《くず》の根から作る葛粉《くずこ》は、夏のお菓子《かし》に欠《か》かせない材料《ざいりょう》です。体を温めてくれるので、冬の料理《りょうり》にも多く使用されます。

葛《くず》は身近なところにたくさん生えているだけでなく、漢方薬《かんぽうやく》の「葛根湯《かっこんとう》」になったり、ツルをほぐして葛《くず》布を作ったりと、生活に生かされています。

【薊《あざみ》】

キク科の植物です。

葉はギザギザしていてふちにはトゲがあります。花はうすい紅《べに》色で、かみの毛が天に向かってのびているようです。

【蕎麦《そば》】

タデ科の植物です。東アジアが原産《げんさん》で、中国から伝《つた》わりました。花は白くて小さく、美しく咲《さ》きます。

晩秋《ばんしゅう》にできる実《み》は、お蕎麦《そば》の材《ざい》料《りょう》になります。

文様《もんよう》や形

【鹿《しか》】

神さまの使いとされ、神社などで飼《か》われている鹿《しか》もいます。

メスをよぶオス鹿《じか》の鳴き声はもの悲しく、秋の深まりを感じさせるので、古くから和歌に多く詠《よ》まれています。デザインとしても愛《あい》されています。

鹿《しか》は長生きのシンボルでもあり、七福神《しちふくじん》の「寿老人《じゅろうじん》」は、よく鹿《しか》を連《つ》れています。

【秋草】

秋は紅葉《もみじ》が目を引きますが、それだけでなく桔梗《ききょう》や菊《きく》などの秋の花も美しく咲《さ》いています。

秋の植物をたくさん集めた文様《もんよう》は、昔からこの季節《きせつ》ならではのものとして、大切にされてきました。

コラム

秋の七草

『万葉集《まんようしゅう》』は日本でもっとも古い和歌集で、四千五百もの和歌が集められています。
　その中で、山上憶良《やまのうえのおくら》という人が次の二首を詠《よ》んでいます。

秋の野に
さきたる花を　指折《お》りて
かき数うれば　七種《くさ》の花

（秋の野原に咲《さ》いている花を、指を使って数えると、七種類《しゅるい》の花がありました。）

はぎのはな　おばな　くずはな
なでしこのはな
おみなえし　またふじばかま
あさがおのはな

女郎花（おみなえし）

「秋の七草」という言葉は、これらの和歌から生まれました。萩《はぎ》、葛《くず》、撫子《なでしこ》、女郎花《おみなえし》、藤袴《ふじばかま》は、今と同じ花を指します。尾花《おばな》は芒《すすき》です。

　八月と九月でもふれたように、時代ごとに、さまざまな花が朝顔《あさがお》とよばれてきました。現在《げんざい》の朝顔《あさがお》は平安《へいあん》時代に中国からもたらされましたが、当時は木槿《むくげ》が朝顔《あさがお》とよばれていました。
　山上憶良《やまのうえのおくら》は、平安《へいあん》時代より昔の奈良《なら》時代の人です。だから専門《せんもん》家《か》が調べて、この和歌に出てくる朝顔《あさがお》は、今の桔梗《ききょう》だろうとされています。
　春の七草は「七草かゆ」にして食べますが、秋の七草は、食べることはできません。ながめて楽しみたいですね。

					1 い			
	2 か	ん	ろ		3 ず	い	4 き	
	ん			5 い	も		せ	
6 な	な	7 か	ま	ど			わ	
	8 つ	き			9 ま	つ	た	け
	き		10 ゆ		め			
		11 う	ず	12 ら		13 し	14 く	れ
				15 は	つ	か	り	

答え

【タテ】

1 出雲《いずも》
2 神無月《かんなづき》
4 着《き》せ綿《わた》
5 井戸《いど》
7 柿《かき》
9 豆《まめ》（名月）
10 柚子《ゆず》
12 ラバ
13 鹿《しか》
14 栗《くり》

【ヨコ】

2 寒露《かんろ》
3 ずいき（祭）
5 （里）芋《いも》
6 ななかまど
8 （後《のち》の）月《つき》
9 まつたけ
11 ウズラ
13 時雨《しぐれ》
15 初雁《はつかり》

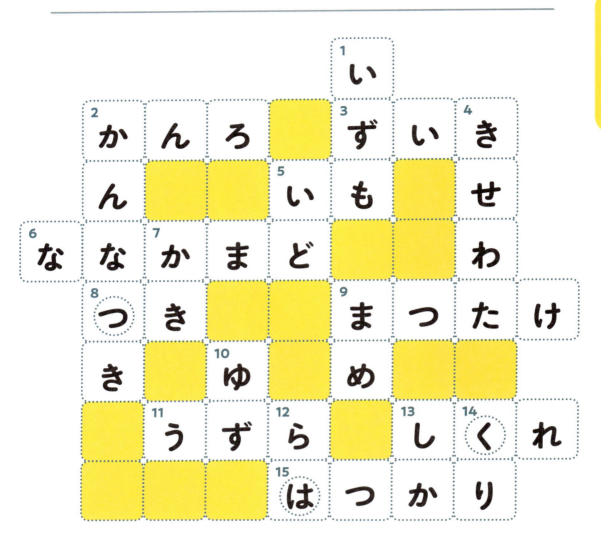

十一月

霜《しも》月《つき》

旧暦《きゅうれき》十一月のことです。一雨ごとに寒さが増《ま》し、朝には霜《しも》が降《お》りる時期です。

秋が終りに向かい、冬が近づいていることが、日々感じられるようになります。

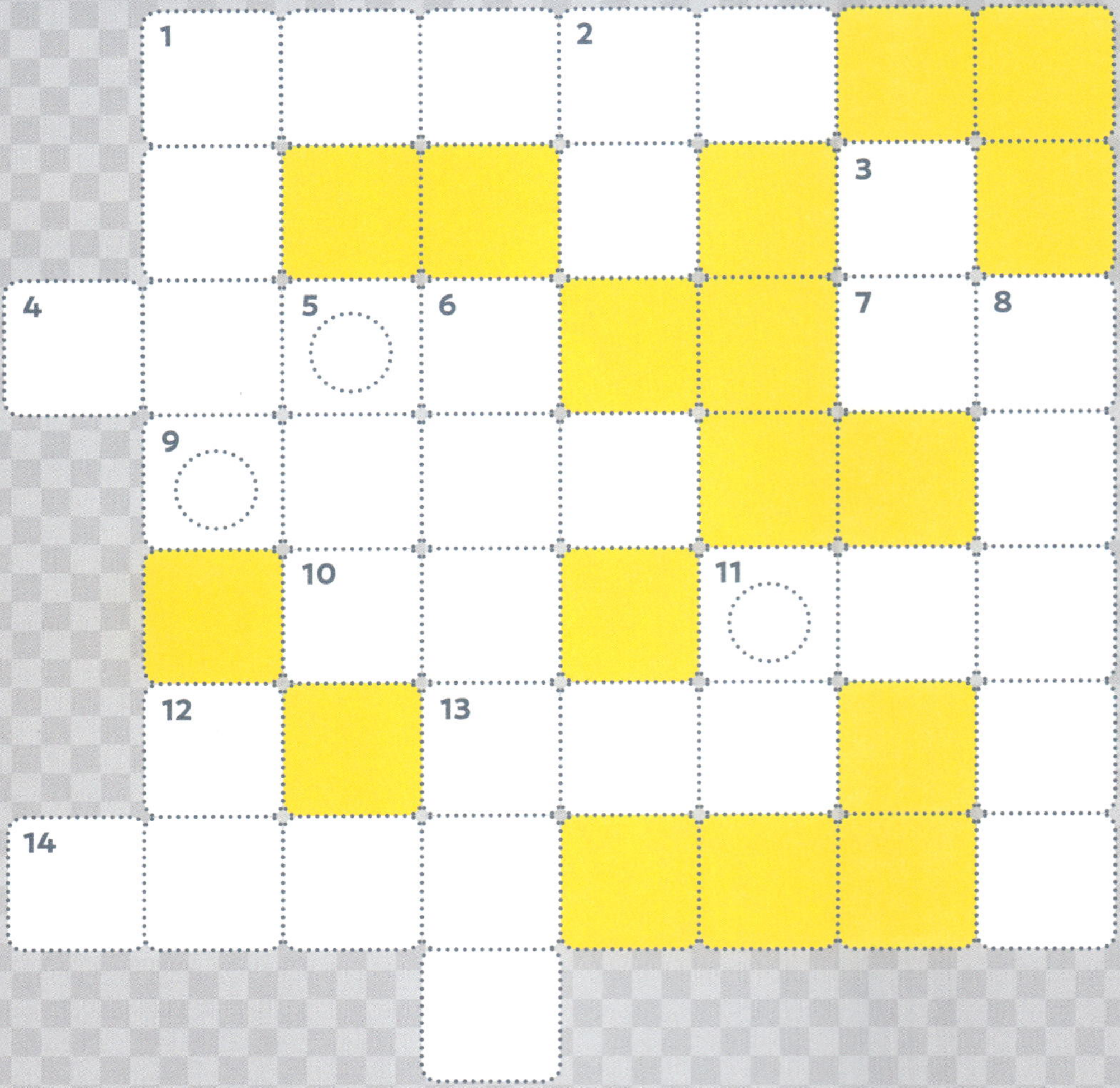

タテのカギ

1 旧暦《きゅうれき》十一月のこと。

2 山だけでなく「○○」も紅葉《もみじ》が美しい季節《きせつ》です。

3 鳥名。クチバシが強く曲っていて、あしは強く、ツメは大きなカギのようです。とくに大形なのは「ワシ」といいます。

5 織《お》り物の一種《しゅ》。室町《むろまち》時代から中国よりもたらされた高級な織《お》り物で ♪きんらん○○○の帯《おび》しめながら……♪ などと歌われました。

6 人の地位《ちい》や人気《にんき》、値段《ねだん》などが、見る見るうちに上がることです。

ある美味《おい》しい生き物の動き方にたとえられます。

8 山や野で紅葉《もみじ》を愛《め》でることです。

11 木や金属《きんぞく》などで作られた丸い棒《ぼう》で、中心にあります。マッチの「○○」

12 植物名。ちがや、すげ、芒《すすき》など、屋根をふく材料《ざいりょう》として使われる植物をまとめてこうよびます。

ヨコのカギ

1 十一月十五日の行事。三歳《さい》、五歳《さい》、七歳《さい》になると神社におまいりをします。

4 二十四節気《せっき》の一つ。十一月八日のころです。まだ冬という感じはしませんが、暦《こよみ》では冬がはじまります。

7 鳥名。小がらな水鳥をまとめてこうよびます。秋に北からわたって来て水のある場所で冬をすごし、春に北へもどります。「○○」より大きくハクチョウより小さいと「ガン」といいます。

9 銀杏《いちょう》の実《み》。すこし苦みがありますが、料理《りょうり》やお菓子《かし》に使われます。

10 日本でもっとも多く生えている木。まっすぐに伸びるので「すぐ木」。直立して五十メートルにもなります。京都、奈良《なら》、鹿《か》児島《ごしま》、秋田などで生産《せいさん》されるものが有名です。春は花粉《かふん》でこまっていませんか？

11 きのこの一種《しゅ》。とても美味しく、「においはまつたけ、味は○○○」という人もいるくらいです。

13 菊《きく》にはたくさんの種類《しゅるい》がありますが、野生に広く咲《さ》いている小さな菊《きく》は「○○○」といいます。「○○○の墓《はか》」という有名な小説《しょうせつ》もあります。

14 わらべうた「ずいずいずっころばし」では、何に追われて、戸をピシャンとしめたでしょう？

くらしの歳時記《さいじき》

【立冬《りっとう》】

二十四節気《せっき》（5ページを見てね）の一つです。十一月八日ごろです。

暦《こよみ》の上では冬がはじまるころですが、春を思わせるような陽気の日があり、「小春《こはる》」といわれます。

紅葉《こうよう》した木々の葉をふき落とす風は、「木《こ》がらし」とよばれます。

【小雪《しょうせつ》】

二十四節気《せっき》の一つです。十一月二十三日ごろです。

寒さがぐっと深まり、北国や山からは、初雪《はつゆき》の便《たよ》りがきこえはじめます。

【七五三《しちごさん》】

十一月十五日に神社におまいりし、子どもの成長を感謝《かんしゃ》します。

昔の日本では、幼児《ようじ》は男の子も女の子も頭をそっていましたが、三歳《さい》になると、はじめてかみの毛をのばしはじめました。このことを三歳《さい》の「かみ置《お》き」といいます。

江戸《えど》時代には、五歳《さい》になると「はかま着《ぎ》」といって、はじめてはか

まをはきました。「はかま」とは、着物の上にはく、ひだのついたズボンのようなはき物のことです。

七歳《さい》になると、それまで着ていたひもつきの着物をやめて、帯《おび》をしめるようになりました。「ひも解《と》き」です。

三歳《さい》、五歳《さい》、七歳《さい》になるごとに、これらのお祝《いわ》いをし、子どもは少しずつ、大人になっていきます。

【口切《くちき》り】

五月にとれたお茶の葉は、茶壺《ちゃつぼ》に入れて、十一月まですずしいところで保存《ほぞん》しておきます。十一月ころになると、うまみのあるお茶の葉になります。

茶壺《ちゃつぼ》につめておいた茶葉を石臼《いしうす》でひいて作った抹茶《まっちゃ》を飲むことを、「口切《くちき》り」といいます。茶道の世界では、十一月は「茶人《ちゃじん》の正月」ともいわれるほど、大切な季《き》節《せつ》です。

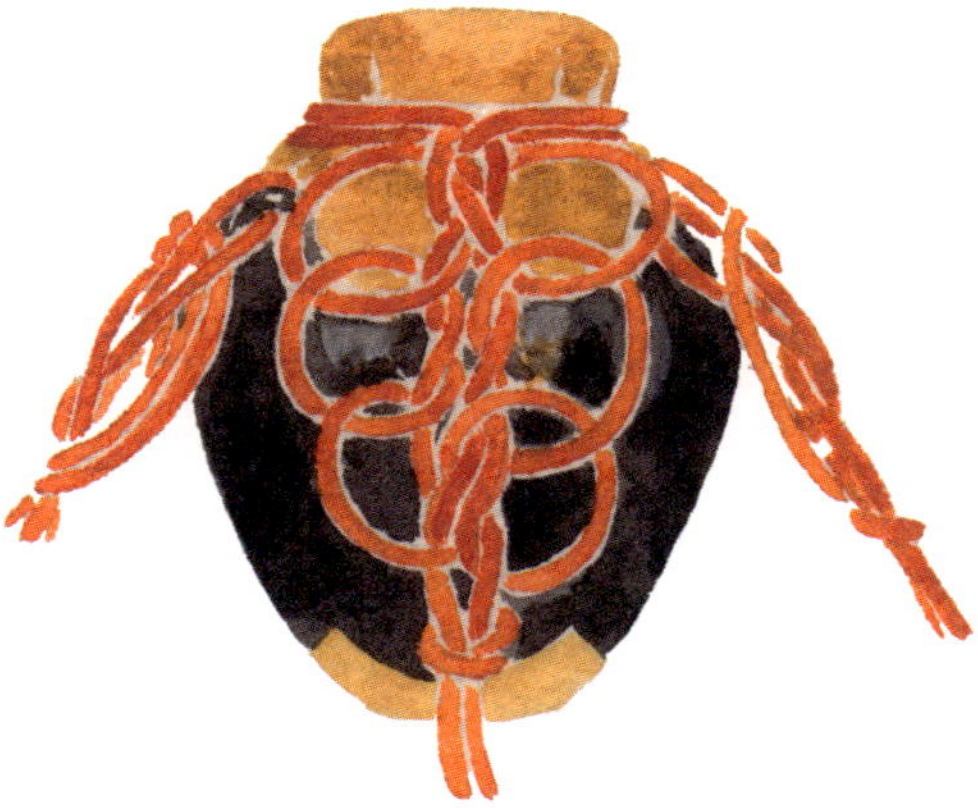

【紅葉狩《もみじがり》】

秋が深まってくるこのころには、紅葉《もみじ》の名所を訪《たず》ねます。

四月には「花見」といって桜《さくら》を見るため出かけます。それと同じように、山や野で紅葉《もみじ》を愛《め》でることを、「紅葉狩《もみじがり》」といいます。

【勤労感謝《きんろうかんしゃ》の日】

十一月二十三日。国民の祝日《しゅくじつ》になっています。

働《はたら》くことを大切に思い、おたがいに感謝《かんしゃ》し合う日です。昔は「新《にい》嘗祭《なめさい》」といい、天皇《てんのう》がその年の豊《ほう》作《さく》に感謝《かんしゃ》して、作物を神さまに供《そな》える日でした。

アメリカでもこのころ、同じような意味をこめた感謝祭《かんしゃさい》が行われます。

お菓子《かし》

亥《い》の子餅《もち》

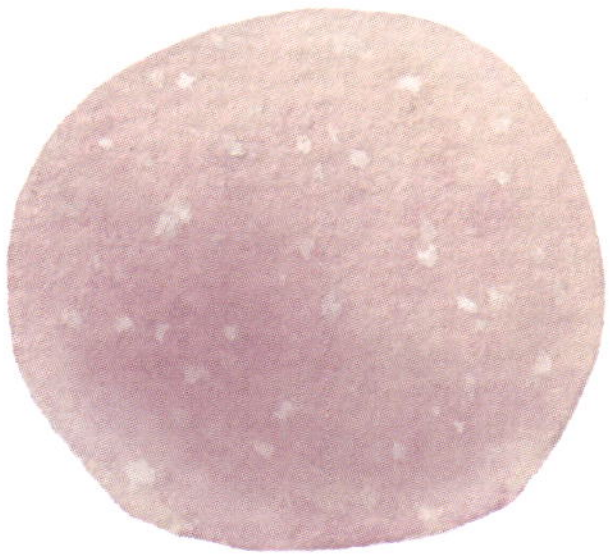

年に干支《えと》があることは、一月で勉強しました。月にも日にも、さらには時間にも、「ネ、ウシ、トラ、ウ……」の十二支《し》が割《わ》りふられています。

「亥《い》の子餅《もち》」とは、旧暦《きゅうれき》（4ページを見てね）の十月である亥《い》（イノシシ）の月の亥《い》の日、亥《い》の刻《こく》（夜十時ころ）に、天皇《てんのう》がつかれる「餅《もち》」のことです。来年も豊作《ほうさく》であることを願《ねが》って、お餅《もち》は米、麦《むぎ》、あわ、きび、豆などの穀物《こくもつ》で作りました。

昔はこの時に男の子が木の棒《ぼう》やわらたばで地面をどんどんとつく「亥《い》の子づき」という行事もありました。

今ではお菓子屋《かし》さんがそれにならい、それぞれ工夫して亥《い》の子餅《もち》を作っています。

善哉《ぜんざい》

お祝《いわ》いごとで食べたりします。関西《かんさい》ではつぶあんのおしるこですが、関東《かんとう》では、白玉餅《もち》やあわ餅《もち》に、汁気《しるけ》のないあんをそえます。

おぼうさんの一休《いっきゅう》さんがこれを食べた時、美味しくて「善《よ》き哉《かな》」といった、という話もあるそうです。

銀杏餅《ぎんなんもち》

銀杏《いちょう》の実《み》である「銀杏《ぎんなん》」とこしあんを、餅《もち》皮で包《つつ》んだものです。

茶道の裏千家《うらせんけ》では、毎年十一月十九日に食べています。

山苞《やまづと》

つくね芋《いも》を使った皮で栗《くり》とあんを巻《ま》いて蒸《む》し、切って食べます。

「苞《つと》」は竹の皮に包《つつ》んだ「みやげ」のことです。このお菓子《かし》も、山からのみやげという意味です。

龍田《たつた》

紅葉狩《もみじがり》のこの時期にぴったりのお菓子《かし》です。龍田《たつた》は奈良《なら》県の紅葉《もみじ》の名所です。

奈良《なら》地方では「龍田《たつた》ひめ」という秋の神さまが機織《はたお》りをすると、紅葉《こうよう》がはじまると伝《つた》えられています。

花

銀杏《いちょう》

中国が原産《げんさん》とされる木です。花は春に咲《さ》きますが、秋になると黄色になった葉が美しいです。

実《み》は「銀杏《ぎんなん》」とよばれ、もちもちとした食感が楽しいです。

紅葉《もみじ》・黄葉《もみじ》

秋は、木の葉が赤や黄に色づきます。

楓《かえで》が代表ですが、桜《さくら》、花水木《はなみずき》、夏椿《なつつばき》、ななかまど、うるし、錦《にしき》木《ぎ》、つつじ、楢《なら》、ブナなど、さまざまな木の葉が美しくなり、山の秋をいろどります。

嵯峨菊《さがぎく》

花弁《かべん》が糸のように細くて美しく、背《せ》が高いです。
京都の嵯峨野《さがの》にある大覚寺《だいかくじ》は千二百年つづく古いお寺で、「嵯峨御所《さがごしょ》」といわれます。このお寺に植《う》えられたことが名前の由来とされています。

文様《もんよう》や形

【茶】

ツバキ科です。花は白くて小さく、椿《つばき》より山茶花《さざんか》に近いです。

中国では、お茶は二千年前から生活の中で大切にされてきました。葉は五月につまれ、緑茶《りょくちゃ》や紅《こう》茶《ちゃ》、ウーロン茶などになります。

【銀杏《いちょう》】

銀杏《いちょう》は火よけとしてお寺や神社に植《う》えられます。

裏千家《うらせんけ》にも樹齢《じゅれい》四百年の木があり、その葉がデザインされています。


東京都の木にもなっており、町の中に銀杏《いちょう》のデザインが見られます。

【吹《ふ》き寄《よ》せ】

紅葉《こうよう》が美しいころですが、葉が落ちると、庭のそうじは大変《たいへん》です。

しかし銀杏《いちょう》の葉や紅葉《もみじ》が道をうめつくした様子などは、秋の深まりを感じさせてくれます。


さまざまな色の葉が集まったり、風で木の根元に寄《よ》せられたすがたも美しく、このすがたを表した文様《もんよう》が「吹《ふ》き寄《よ》せ」です。

	1 し	ち	ご	2 さ	ん		
	も			と		3 た	
4 り	つ	5 と	6 う			7 か	8 も
	9 き	ん	な	ん			み
		10 す	ぎ		11 し	め	じ
	12 か		13 の	ぎ	く		が
14 ち	や	つ	ぼ				り
			り				

答え

【タテ】
1 霜月《しもつき》
2 里《さと》
3 鷹《たか》
5 どんす
6 うなぎのぼり
8 紅葉狩《もみじがり》
11 軸《じく》
12 かや

【ヨコ】
1 七五三《しちごさん》
4 立冬《りっとう》
7 鴨《かも》
9 銀杏《ぎんなん》
10 杉《すぎ》
11 しめじ
13 野菊《のぎく》
14 茶壺《ちゃつぼ》

十二月

師走《しわす》

旧暦《きゅうれき》十二月のことです。

一年の終りは何かとあわただしく、ふだんは落ちついて見える師《し》（先生やおぼうさん）も、走るように動きまわる季節《きせつ》だから、と説明《せつめい》されます。

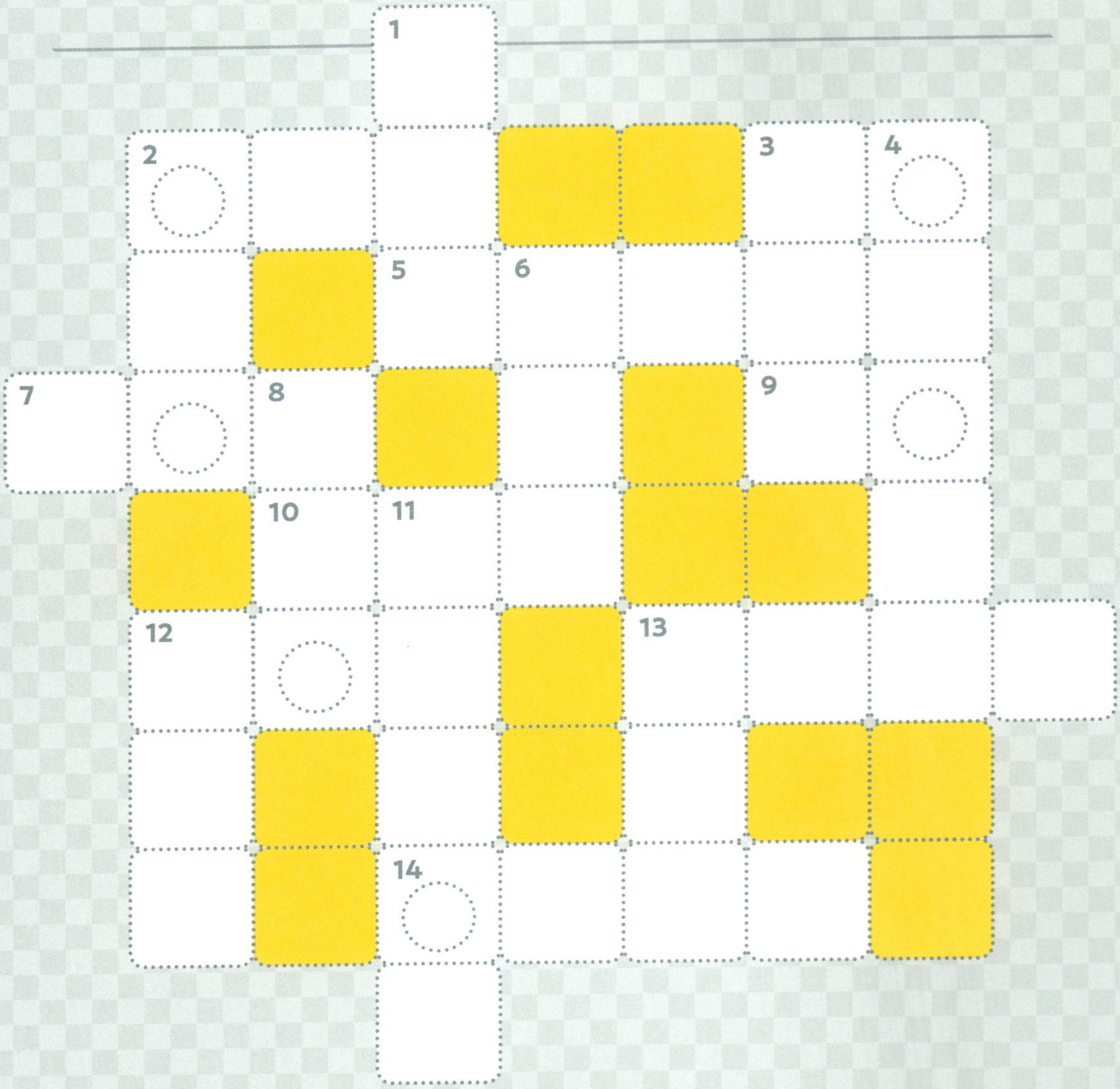

タテのカギ

1 年末《ねんまつ》・年始は旅行をしたり、外へ出かける人が多くなります。列車やホテルの「○○○」は早目に。

2 旧暦《きゅうれき》十二月のこと。いそがしくてみんな走り出します。

3 日本古代の伝説《でんせつ》による九州南部の地名、またはそこに住んでいた人たちのこと。「ヤマトタケルの○○○討《う》ち」

4 十二月十三日から、各地《かくち》の神社やお寺などで行われます。家庭での大そうじはもっとあとですね。

6 よいこと、有利《ゆうり》なこと。

8 柚子《ゆず》の実《み》の果汁《かじゅう》、刻《きざ》んだ皮をすりまぜたみそを「柚子《ゆず》みそ」といいますが、略《りゃく》して「〇〇〇」ともいいます。

11 年末《ねんまつ》には、昔は「暦《こよみ》売り」がやってきました。今でもこの時期は「〇〇〇〇〇」や手帳《てちょう》などを新しく買いますね。

12 毎月の最後《さいご》の日を「〇〇〇」といいますが、一年をしめくくる日は、とくに「大〇〇〇」といいます。

13 学問に広く通じている人。学者のことです。「鉄腕《てつわん》アトム」を作ったのは「お茶の水〇〇〇」です。

ヨコのカギ

2 一年の最後《さいご》の日、お寺では鐘《かね》を百八回つきます。これを「〇〇〇の鐘《かね》」といいます。

3 植物名。花は「秋の七草」に数えられます。汁《しる》に「〇〇粉《こ》」を溶《と》かすと、とろりとしたあんになり、体が温まります。

5 十二月二十五日。キリストの誕生日《たんじょうび》ですが、楽しみなのはやっぱりケーキとプレゼントですよね。

7 十二月二十二日ころ、冬至《とうじ》の夜には「〇〇〇」に入って体を温めます。

9 食物。いつ食べても美味しいですが、それでも一年のしめは「年こし〇〇」です。

10 果実《かじつ》。花は六月ころ咲《さ》き、実《み》は緑色からだんだん温かな色にかわります。冬は「こたつ」に入って食べるイメージですね。

12 山の頂上《ちょうじょう》が雪におおわれるころ、平地では雨と雪がまじった「〇〇〇」になるところもあります。

13 十二月十七日をすぎると、新年に遊んだりかざったりするための「〇〇〇〇市」が立ちます。

14 二十四節気《せっき》の一つ。十二月七日ころです。南天《なんてん》の実《み》が赤く色づきはじめます。

くらしの歳時記《さいじき》

【大雪《たいせつ》】

二十四節気《せっき》（5ページを見てね）の一つ。十二月七日ころです。

雪がたくさん降《ふ》りはじめるころで、山の頂上《ちょうじょう》は雪におおわれています。

南天《なんてん》の実《み》が赤く色づくようになります。

平地では雨と雪がまじった「みぞれ」となるところもあります。

【冬至《とうじ》】

二十四節気《せっき》の一つ。十二月二十二日ころです。

一年のうちで夜がいちばん長い日です。この日から昼が一日ごとに長くなるので、中国では二千年前までは「冬至《とうじ》正月」といって「年のはじめ」でした。

弱っていた太陽が生まれかわる日とも考えられていて、この日は「一陽来復《いちようらいふく》」ともいわれます。

風邪《かぜ》をひいたりしないように「小豆《あずき》がゆ」や「カボチャ」「柚子味噌《ゆずみそ》（柚《ゆ》味噌《みそ》）」を食べます。柚子湯《ゆずゆ》に入ると体があたたまり、一年間元気にくらせるといわれます。

【事始め（正月の準備《じゅんび》）】

十二月十三日には、お世話《せわ》になっている人に、「お正月の準備《じゅんび》に入らせていただきます」とあいさつします。

昔はこの日に山に入り、門松《かどまつ》にする松《まつ》の木を切ったりしました。

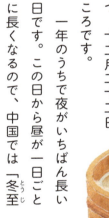

この日には、家のすすやほこりを落とす「すす払《はら》い」を行いました。今でも大きなお寺や神社での、笹《ささ》を使った「すす払《はら》い」がニュースになります。

十七日になると「羽子板《はごいた》市」が立ちはじめ、正月に遊んだり、家にかざるための羽子板《はごいた》を求めます。カレンダーや手帳《てちょう》を買い直すのと同じように、かつては町には、イラストのように新年の暦《こよみ》をもって売り歩く「暦《こよみ》売り」が現《あらわ》れ、新年をむかえる気持ちを高めました。家庭では大そうじや餅《もち》つきをして、注連縄《しめなわ》や門松《かどまつ》などのかざりつけを行います。

このころには、正月用のお餅《もち》を試《ため》しについてみることがあります。それを大根おろしやきなこにまぶしていただきます。

【クリスマス】

イエス・キリストの誕生《たんじょう》を祝《いわ》う日です。

太陽の誕生《たんじょう》を祝《いわ》う古代の冬至《とうじ》のお祭りが、キリスト教化したものだそうです。

「キリスト」は英語ではなく、「救《すく》い主《ぬし》」を意味する古代のギリシア語です。

ちなみにキリスト教の一つである東方正教会《とうほうせいきょうかい》では、暦《こよみ》がちがうのでクリスマスは一月六日です。暦《こよみ》はヨーロッパでも難《むずか》しいですね。

年こし

大みそかの夜には年こし蕎麦《そば》を食べます。

江戸《えど》時代、金や銀を加工する職人《しょくにん》は、「蕎麦《そば》だんご」のねばり強さを使って、部屋に飛び散《ち》った金銀の粉《こな》をかき集めました。だんごを焼《や》いて灰《はい》にすると、金銀の粉《こな》だけ残《のこ》るので、蕎麦《そば》は金を集める縁起《えんぎ》がよいものとされたのです。そこから年こし蕎麦《そば》を食べるようになりました。

新年をむかえようとするころ、お寺からは鐘《かね》の音がきこえてきます。人間の心と体を悩《なや》ませる煩悩《ぼんのう》の数である百八回、鐘《かね》をつきます。除夜《じょや》の鐘《かね》を静《しず》かにききながら、すぎゆく一年をふり返ります。

お菓子《かし》

蕎麦《そば》まんじゅう

蕎麦粉《そばこ》を使った生地《きじ》にあんを包《つつ》みます。

大みそかの夜は「年こし蕎麦《そば》」を食べますが、それと同じ意味をこめて、温かく蒸《む》した「蕎麦《そば》まんじゅう」を食べます。

【うす氷】

干菓子《ひがし》です。富山《とやま》県小矢部《おやべ》市の名菓《めいか》です。うすいせんべいの両面に、和三盆《わさんぼん》という上質《じょうしつ》な砂糖《さとう》をぬっています。

さまざまな形があり、水に張《は》ったうすい氷が割《わ》れたように見えます。江戸《えど》時代には将軍《しょうぐん》や宮中《きゅうちゅう》にもとどけられました。

【越《こし》の雪】

新潟《にいがた》県長岡《ながおか》市の名菓《めいか》です。こちらも江戸《えど》時代には、将軍《しょうぐん》が食べたお菓子《かし》だそうです。口に入れるとサラサラと溶《と》けて、上品な甘《あま》みが残《のこ》ります。

「越《こし》」は古代の地名で福井県から新潟県をさします。

【氷餅《もち》】

長野県や岩手県など、雪国で作られます。「しみ餅《もち》」などともよばれます。

短冊《たんざく》のようにうすく切ったお餅《もち》を、ひもで結《むす》んで冷《つめ》たい水にひたし、一か月ほど寒中にさらします。

保存食《ほぞんしょく》になりますし、熱湯《ねっとう》をかけて砂糖《さとう》をまぶせば、美味しいお菓子《かし》にもなります。

花

石蕗《つわぶき》

キク科です。葉は大きく、蕗《ふき》に似《に》ていて緑美しいものです。長いクキの先には黄色い花がフサのようにつきます。

やけどや痛《いた》み止めの薬にもなり、九州地方では若葉《わかば》を食べるそうです。

山茶花《さざんか》

ツバキ科です。椿《つばき》より花は小さく、咲《さ》き終ると花弁《かべん》が一枚《まい》ずつ散《ち》っていきます。

庭や生垣《いけがき》に植《う》えられることが多く、冬の道を歩いていると、美しい山茶花《さざんか》に出会うことができます。

寒菊《かんぎく》

キク科です。黄色い小さな花を、枝《えだ》先にたくさんつけます。

葉がしげっていて、霜《しも》に焼《や》けた葉に太陽があたると、美しく照《て》ります。

ろう梅《ばい》

中国が原産《げんさん》で、江戸《えど》時代のはじめに日本へ伝《つた》えられました。

葉はうすいタマゴ形で先がとがっていて、ロウをぬったようなかがやきがあります。花は黄色で、まるでロウで作った細工のように見えます。香《かお》りもよいです。

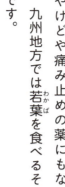

【南天《なんてん》】

中国が原産《げんさん》です。花は初夏《しょか》に咲《さ》きますが、冬には丸い小さな赤い実《み》をつけます。「難《なん》を転《てん》じる」という意味をこめて、屋敷《やしき》の中のよい方角に植《う》えたりします。

文様《もんよう》や形

【桐《きり》と鳳凰《ほうおう》】

桐《きり》の紋《もん》は、菊《きく》とならんで皇室《こうしつ》で使われてきたものです。中国が原産《げんさん》の木です。晩春《ばんしゅん》にうす紫色《むらさきいろ》の美しい花を咲《さ》かせます。

桐《きり》は軽くて燃《も》えにくく、湿気《しっけ》にも強いので、楽器《がっき》や家具、下駄《げた》など、さまざまに加工されます。

中国の伝説《でんせつ》では、皇帝《こうてい》がかわる時には「鳳凰《ほうおう》」という想像《そうぞう》の鳥が現《あらわ》れるそうです。桐《きり》の木に住み、数年に一度だけつく竹の実《み》を食べるそうです。だから、桐《きり》と竹がえがかれると、鳳凰《ほうおう》が連想《れんそう》され、それらを組み合わせたデザインは、高貴《こうき》なものとして使われてきました。

「ピンからキリまで」という表現《ひょうげん》をしっていますか？「一から十まで」という意味ですね。

室町《むろまち》時代の終りごろ、キリスト教とともにヨーロッパの文化が日本に入ってきました。カルタ（ポルトガル語です）もその一つで、そこでの「ピン」はポルトガル語で「点」、つまり「一」のことでした。「キリ」はポルトガル語で「十字架《じゅうじか》」、つまり「十」（最高《さいこう》）という意味です。江戸《えど》時代にできた「花札《はなふだ》」というゲームは、カルタを元にして作られました。一月は松《まつ》、十二月は「一年の終り」が「キリ」だから、「桐《きり》」になりました。

こうした訳《わけ》で、十二月のデザインは桐《きり》と鳳凰《ほうおう》になりました。

十二月の花札。桐と鳳凰

			1 よ					
	2 し	よ	や			3 く	4 す	
	わ		5 く	6 り	す	ま	す	
7 ゆ	す	8 ゆ		て		9 そ	は	
		10 み	11 か	ん			ら	
	12 み	そ	れ		13 は	ご	い	た
	そ		ん		か			
	か		14 た	い	せ	つ		
			ー					

答え

【タテ】

1 予約《よやく》
2 師走《しわす》
3 くまそ
4 すす払《はら》い
6 利点《りてん》
8 柚味噌《ゆみそ》
11 カレンダー
12 （大）みそか
13 博士《はかせ》

【ヨコ】

2 除夜《じょや》（の鐘《かね》）
3 葛《くず》
5 クリスマス
7 柚子湯《ゆずゆ》
9 蕎麦《そば》
10 ミカン
12 みぞれ
13 羽子板《はごいた》
14 大雪《たいせつ》

索引

皐月（さつき） 47
三角形（さんかっけい） 63
潮干狩（しおひがり） 33
鹿（しか） 102
四君子（しくんし） 53
七五三（しちごさん） 108
七福神（しちふくじん） 10
注連縄（しめなわ） 11
霜月（しもつき） 105
芍薬（しゃくやく） 53
十三夜（じゅうさんや） 98
終戦記念日（しゅうせんきねんび） 79
秋分（しゅうぶん） 88
春分（しゅんぶん） 32
正月の遊び（しょうがつのあそび） 12
正月の準備（しょうがつのじゅんび） 118
小暑（しょうしょ） 68
小雪（しょうせつ） 108
菖蒲（しょうぶ） 50
小満（しょうまん） 50
処暑（しょしょ） 78
除夜の鐘（じょやのかね） 120
師走（しわす） 115
水仙（すいせん） 26
スキー 23
スケート 23
芒（すすき） 92
すす払い（すすはらい） 119
雀（すずめ） 91
スノーボード 23
清明（せいめい） 42
節分（せつぶん） 22
節分草（せつぶんそう） 26
善哉（ぜんざい） 110
千両（せんりょう） 16
霜降（そうこう） 98
雑煮（ぞうに） 11
卒業式（そつぎょうしき） 33
蕎麦（そば） 102
蕎麦まんじゅう（そばまんじゅう） 120

【た】

大暑（たいしょ） 68
大雪（たいせつ） 118
滝（たき） 53
竹流し（たけながし） 62
龍田（たつた） 111
七夕（たなばた） 68、83
ちまき 52
茶（ちゃ） 113
中秋の名月（ちゅうしゅうのめいげつ） 89
調布（ちょうふ） 71
重陽の節句（ちょうようのせっく） 89
千代結び（ちよむすび） 15
突羽根（つくばね） 17
椿（つばき） 16
椿餅（つばきもち） 25
梅雨（つゆ） 60
露草（つゆくさ） 81
鶴（つる） 17
石蕗（つわぶき） 122
天満宮（てんまんぐう） 23
冬至（とうじ） 118
時計草（とけいそう） 81
年こし（としこし） 120
年こしそば（としこしそば） 120
土用のうなぎ（どようのうなぎ） 69

【な】

長月（ながつき） 85
夏越のはらえ（なごしのはらえ） 60
夏椿（なつつばき） 62
夏祭り（なつまつり） 79
夏野菜（なつやさい） 69
撫子（なでしこ） 72
ななかまど 101
七草かゆ（ななくさかゆ） 11
鳴子（なるこ） 91
南天（なんてん） 123
二十四節気（にじゅうしせっき） 5
入学式（にゅうがくしき） 43
年賀状（ねんがじょう） 14
後の月（のちのつき） 98

著者略歴

町田宗隆（まちだ そうりゅう）

昭和32年（1957年）、秋田県生まれ。本名・隆司。同57年に裏千家今日庵入庵。同62年より10年間、ハワイ出張所駐在。帰国後、今日庵業躰として国内外にて茶道普及にあたる。平成29年には今日庵正教授方を拝受。現在、裏千家学園茶道専門学校講師、「和の学校」特別専任講師、立命館大学夏期集中講座担当、京都工芸繊維大学夏期集中講座担当。

【参考文献】
岡田芳朗、阿久根末忠編著『現代 こよみ読み解き事典』（柏書房、1993）
鈴木棠三『日本年中行事辞典』（角川書店、1978）
佐々木三昧『カラー版 茶道歳事記』（淡交社、1985）
冷泉為人『五節供の楽しみ–七草・雛祭・端午・七夕・重陽』（淡交社、1996）

親子で学ぶ　クロスワード　和の歳時記

平成31年3月5日　初版発行

著　者　町田宗隆
発行者　納屋嘉人
発行所　株式会社 淡交社
本 社　〒603-8588 京都市北区堀川通鞍馬口上ル
営 業　075-432-5151 編 集　075-432-5161
支 社　〒162-0061 東京都新宿区市谷柳町 39-1
営 業　03-5269-7941 編 集　03-5269-1691
www.tankosha.co.jp
装丁・組版　瀧澤弘樹（瀧澤デザイン室）
写　真　竹前朗
イラスト　木村明美
印刷・製本　大日本印刷株式会社

©2019 町田宗隆　Printed in Japan
ISBN978-4-473-04286-6

定価はカバーに表示してあります。

落丁・乱丁本がございましたら、小社「出版営業部」宛にお送りください。送料小社負担にてお取り替えいたします。

本書のスキャン、デジタル化等の無断複写は、著作権法上での例外を除き禁じられています。また、本書を代行業者等の第三者に依頼してスキャンやデジタル化することは、いかなる場合も著作権法違反となります。